남편보다 쪼끔 더 법니다

돈이 붙는 여자의 돈 센스

남편보다 쪼끔 더 법니다

시부이 마호지음
동소현 옮김

넥스트북스

성공을 거머쥐는 사람들의 그 '무엇'은 무엇일까?

　세상에는 성공하는 사람도 있고 실패하는 사람도 있습니다. 직장에서 좋은 기회를 잘 잡아 실적을 올리고 자신의 성과를 평가받는 사람도 있지만, 항상 열심히 하는데도 늘 제자리걸음인 사람이 있습니다. 이 둘의 차이는 어디에서 오는 걸까요?

　누군가는 '자격증의 많고 적음'이라 하고 '스펙'이라고 하기도 하고 '커리어' 때문이라고도 합니다. 그렇다고 업무 능력이 뛰어나거나 일머리가 특출 난 사람들만이 성공스토리의 주인공이 되는 것 같지도 않습니다. 업무 전반에 대해 잘 파악하고 맡은 일은 뭐든 꼼꼼하게 해내는 사람들이 모두 성공하는 건 아니니까요.

　그렇다면 우리가 흔히 말하는 성공에는 대체 무엇이 더 필요한 걸까요? 무언가가 부족하다고 느끼지만 그 정체가 '무엇'인지는 알 수가 없습니다. 하지만 어딘가에는 분명 그 '무엇'을 갖추고 있는 사람들이 있고, 그 '무엇'이 있느냐 없으냐에 따라 직장 생활이나 사업 나아가 개인의 삶에 있어서도 격차가 벌어진다는 사실만큼은 모두가 공감할 것입니다.

그 '무엇'은 바로 이 책의 주제인 '돈 버는 센스'입니다.

이 책은 한동안 일을 하는 것도, 돈을 버는 것도 다 제 뜻대로 되지 않아 방황하던 제가 남편과 돈에 관련된 수업을 시작하면서 일어난 변화에 대해 적은 글입니다. 이 책은 일대일 대화 스타일로 되어 있는데, '돈 버는 능력'은 바로 '본능적 감각'에 가까운 것이기에 날것 그대로의 대화를 통해 더 잘 이해할 수 있다고 생각했기 때문입니다.

본문에도 나오지만 무언가를 배우는 방식에는 크게 두 가지가 있습니다. 하나는 지식이나 기술, 테크닉을 그대로 외워서 익히는 학습법, 또 하나는 직접 보고 들으면서 사고방식이나 사물을 바라보는 관점, 행동 양식 등을 익힌 후 이를 직접 행동으로 실천하면서 깨닫는 학습법입니다. 이 둘 중 '본능적 감각'을 익히는 데에 효과적인 방식은 후자입니다.

이 책을 읽어나가다 보면 마치 자신이 함께 강의를 듣고 있는 기분이 들 것입니다. 합리적이고 이성적인 두뇌뿐 아니라 감성도 최대한 살려 읽어나가다 보면 어느새 '돈 버는 센스'가 작은 싹을 틔우고 이내 쑥쑥 자라는 느낌을 받게 될 겁니다. 부자가 될 당신을 응원합니다!

차례

Part 4 　 인생을 바꿔주는 네 가지 시각

하수를 고수로 만들어주는 '생각'의 마법

Part 1

'돈 버는 센스'를
배우는 수업

'누구에게나 유효기간이란 게 있다는데,

내 유효기간은 얼마나 남았을까…… 이제 얼마 안 남았겠지.'

결혼 후 경력단절에, 제대로 일이라는 걸 할 수 있는

기회는 많지 않으리란 생각에 초조했습니다.

딱히 필요하지도 않은 자격증이라도 따놓을까 싶어

여기저기 기웃거리던 나에게 은행에서 일하는 남편이 입을 열었습니다.

"나랑 돈 공부 한번…… 해볼래?"

내 운명을 바꾼 '돈 버는 센스' 키우기 프로젝트는

그렇게 시작되었습니다.

왜 내 인생은 이렇게 안 풀리는 걸까?

대학을 나와 사회에 첫발을 내디뎠을 때, 그리고 결혼한 후에도 내 머릿속에는 '나라는 사람은 정말 무능력한 존재구나.'라는 생각이 한시도 떠나지 않았습니다. 은행에 정규직으로 취직을 했다는 기쁨도 잠시. 과중한 업무와 스트레스로 만신창이가 되자 거의 도망이라도 치듯 결혼을 선택하며 사직서를 제출한 게 잘못이었을까요. 그 후 전업주부로 살아가다가 이유 모를 위기감이 스멀스멀 올라와 다시 구직 활동을 시작했지만 영어 실력도 없고 이렇다 할 자격증도 없는 데다가 컴퓨터도 제대로 못 다루는 기혼 여성. 누구나 알아주는 최고 학벌 출신도 아니었고 화려한 경력도 없는 데다 그 경력마저 끊겨

버린 전업주부에게 이 사회는 그리 녹록지 않았습니다. 여기 저기 문을 두드려서 간신히 구한 일자리는 고작 시급 7천 원 짜리 빵집 아르바이트 자리였습니다.

신세한탄도 잠시, 새로 얻은 직장이니 열심히 노력해서 돈도 벌고 정체성을 찾아보겠다는 포부 아래 자신만만하게 출근했지만 빵집 주인의 다음과 같은 질타에 그나마 남은 나의 자존감은 무너지고 말았습니다.

"지금 장난해요? 예전에 은행 다닌 건 다닌 거고, 이제는 입장이 달라졌잖아요? 이런 일 못 하겠으면 차라리 그만두세요. 당신 말고도 일할 사람은 얼마든지 있어요."

날이면 날마다 이런 식의 폭언이 쏟아졌습니다. 더 심한 말을 들은 적도 있지만 해고당할까 봐 제대로 항의도 못한 채 비굴한 웃음을 짓는 것이 고작이었습니다.

그러던 어느 날, 이렇게 살 수만은 없다는 생각이 들었습니다. 고민 끝에 찾아낸 해결책은 하루라도 빨리 자격증을 따서 좀 더 전문적인 업종으로 이직하는 것이었습니다. 바리스타, 플로리스트, 칼라 테라피스트, 아로마 테라피스트, 퍼퓨머 perfumer, 공인중개사, 컴활 자격증, 영어회화, 비서 검정 시험 등등……. 닥치는 대로 각종 자격증 시험에 도전했습니다. 그런데 어느 날 이것도 아니라는 생각이 들었습니다. 이렇게 자격증을 수집해봤자 성공이 보장되는 것도 아니고 자격증이 바로 돈벌이가 될 만큼 이 사회가 만만하지는 않다는 사실을 깨닫게 된 것입니다. 자, 그렇다면 돈을 벌려면 어떻게 해야 하지? 머릿속에서는 바로 이런 질문이 떠올랐지만 아무리 생각해도 답을 알 수 없었습니다. 능력이나 적성은 고사하고 지금까지 나는 주어진 환경에 따라 그저 수동적인 삶을 살아왔다는 뼈아픈 사실만 깨닫게 될 뿐이었습니다.

미장원에서 미용사가 머리를 만질 때 거울 앞에 앉아 무릎 위에 잡지를 펴놓고 한 장씩 넘기다 보면, 사회적으로 성공한 여성들의 스토리가 꼭 한 번씩은 나옵니다. 기사를 읽어보면 처음부터 금수저 출신이 대부분이고 어렸을 적에 부모님을 따라 해외에서 거주한 덕분에 뛰어난 외국어 실력을 갖게 되었으며 친척들도 다 한자리씩 하는 인물들이라 인맥도 빵빵하고 남편은 하나같이 잘 나가는 사업가. 게다가 본인도 높은 안목을 지닌 터라 가정에만 안주할 수 없어서 사회에 나왔다는 천편일률적인 이야기. 게다가 다들 미모도 어찌나 수준급인지. 그런 여자들의 성공담을 계속 읽다 보면 "어차피 불공평한 세상. 나 같은 흙수저가 아무리 노력해봤자 어떻게 이 사회에서 버틸 수가 있겠어!" 이런 패배감에 사로잡히고 맙니다.

이제 와 돌이켜보면 잡지의 한 페이지를 화려하게 장식했던 그들도 나름대로의 고민이나 시행착오를 거치면서 행복한 인생을 만들기 위해 노력을 쏟았을 것임에 틀림없습니다. 다른 사람이 부러운 만큼 나 역시 그들처럼 행복해지고야 말겠다는 생각이 집착으로 변해 나를 더 힘들게 했을지도 모릅니다. 하지만 당시의 나는 몰랐습니다. 그저 날이면 날마다 '내 인생은 왜 이렇게 안 풀리는 걸까.' 하는 푸념을 섞어가면서 주위 사람들을 원망하고 잡지 속의 화려한 그들을 부러워하면서 스스로를 옭아매고 있었던 것입니다.

두 개의 조건

그런 생각에 사로잡히고 보니 수입의 절반 이상을 쏟아 부어가며 시작했던 자격증 공부도 점점 시들해졌습니다. 어느 날 저녁 식사를 마치고 식탁에 앉아 무기력한 상태로 차를 홀짝거리던 나에게, 보다 못한 남편이 질문을 던졌습니다.

"당신, 요즘은 왜 공부 안 해?"

"해봤자 아무 소용없는 것 같아서."

"왜? 그렇게 열심이더니. 하긴 당신은 하다가 좀 안 되면 금

세 싫증 내긴 하지. 자격증 백날 따봤자 목표가 분명하지 않으면 아무짝에 쓸모없어. 자격증 취득도 좀 더 전략적으로 접근하는 게 더……"

"그만 좀 하지?"

"뭘 그만하라는 거야? 당신이 늘 그랬잖아. '월급쟁이로만 그치지는 않겠다, 주어진 환경에만 순응하지도 않겠다.' 지금 당신 위해서 하는 말이잖아……."

"그 꿈은 진즉에 포기했어. 어차피 평범한 집안에서 태어나서 해외 유학도 못 해보고 자란 나 같이 돈도 없고 빽도 없는 흙수저는 처음부터 무리였어. 그렇다고 남편이 대~단한 전문직이기를 하나. 이럴 줄 알았으면 그냥 변호사나 의사 같은 전문직한테 시집갈걸. 이제 와서 혼자 아무리 노력해봤자 뭐 달라질 게 있겠냐고!"

말을 내뱉은 순간, 여러 생각들이 스쳤습니다. '가만, 내가 지금 뭐라고 한 거야? 짜증이 나서 마음에도 없는 말을……. 그렇다고 남편이 대~단한 전문직이기를 하나, 라니. 말이 너무 심했어. 아무리 마음 좋은 남편이라도 그냥 넘어가지 않을 텐데.'

그런데 뜻밖에 남편은 아무 말도 하지 않았습니다. 잠시 어색한 침묵만이 흘렀습니다.

'아아, 이 사태를 어떻게 수습하지……' 하는데, 남편이 긴 한숨을 내쉬더니 천천히 말했습니다.

"당신이 사교성도 없고 약간 사차원인 데다가 대책 없는 성격이란 건 알고 있었지만 이 정도로 속물인 줄은 미처 몰랐어. 정말 실망이야."

차가운 눈빛으로 나를 잠시 바라본 후 남편은 바로 등을 돌려 안방으로 들어가버렸습니다.

'큰일 났구나……'

정말 그 순간에는 앞이 캄캄했습니다. 남편과는 직장에서 만난 사이로 나보다 6년 입사 선배였고 사수였습니다. 사수 입장에서 신입사원인 나를 교육할 때에는 매우 엄격했기 때문에 그때까지 적당히 임기응변식으로 살아왔던 나와는 너무나 다른 사람이라 여겨졌습니다. 그런데도 내가 남편으로 그 사람을 선택한 이유는 어떻게든지 나를 바꾸고 싶었기 때문입니다. 당시 나는 스스로 '사회에서 인정받지 못하는 존재'라는 사실을 깨닫고 매우 큰 충격을 받은 상태였습니다. 세상 물정에 어두우면서도 쓸데없이 자신감만 넘치던 사회 초년생이었기 때문에 더더욱 자존심이 상하고 상처가 깊었습니다. '이대로 꾸역꾸역 회사에 나오는 게 의미가 있을까? 정말 이대로 괜찮은 걸까? 내가 지금 뭘 하는 거지?' 매일같이 출퇴근 전철

안에서 끊임없이 나에게 질문을 던졌습니다. 뭔가 아닌 것 같기는 한데 그럼 어떻게 하면 되는지 도무지 방법이 떠오르지 않았습니다. 다만 그렇게 고민에 고민을 거듭하는 동안에 뚜렷한 결론 한 가지는 얻을 수 있었습니다. 나라는 사람이 가진 사고방식 및 가치관과 행동이 이 사회에서 요구하는 기준과는 잘 맞지 않기에 늘 문제가 된다는 사실이었습니다.

행동은 그렇다 치고, 사고방식이나 가치관을 하루아침에 바꾸는 것은 간단한 일이 아닙니다. 그래서 생각해낸 아이디어가, 부부는 서로 닮아간다고들 하니까 나와 완전히 다른 사고방식이나 가치관을 가진 사람과 결혼하면 나도 이 사회에 적응하기가 쉬워지지 않을까 하는 것이었습니다. 결국 이제까지 만나왔던 남자들 중에서 가장 나와 정반대인 가치관과 사고방식을 지닌 사람을 물색해봤더니, 바로 그 사수인 선배가 눈에 들어오는 게 아니겠습니까. 그 후 이런저런 우여곡절을 거쳐 아무튼 나는 그의 아내가 되었습니다.

'스스로를 변화시키고 싶어서 결심한 결혼 생활이었건만 제대로 변화도 못 해보고 이대로 종지부를 찍게 되는 것일까?' 나는 망연자실한 상태로 식탁 앞에 오도카니 앉아 있었습니다. 그러다가 문득 눈을 들어보니 어느새 방에서 나온 남편이 내 앞에 서 있었습니다.

"미안해."

내 사과를 들었을 텐데 남편은 아무 대답도 하지 않은 채 맞은편에 앉았습니다. 나도 모르게 나는 자세를 바르게 고쳐 앉았습니다. 잠시 동안 침묵이 흐른 후 드디어 남편이 입을 열었습니다.

"아까 그 발언은, 솔직히 말하자면 아직 용서가 안 돼."

'정말로 이 사람, 단단히 화가 났구나. 설마 이혼하자는 건 아니겠지. 아니야, 결혼하고 나서 지금까지 1년 내내 부부싸움만 했으니 이혼 생각이 날 법도 하지……' 온갖 생각이 들었습니다.

"차라리 갈라서는 게 낫지 않을까 생각한 적도 있었어. 퇴근하고 집에 와봤자 날마다 당신은 불평만 늘어놓으니까 집에 오기도 싫고."

'헉, 진짜 이혼하자는 거야? 아니, 지금 그런 생각을 한다는 게 아니라 '생각한 적도 있었다'고 했지……?'

"나란 놈은 보수적인 인간이라서 쉽게 이혼할 마음은 없어. 게다가 당신은 아직 어리기도 하고. 아까 당신이 했던 말은 철이 없어서 실수한 거라고 이번에는 넘어가 줄게."

'넘어가 준다고? 진짜?'

"대신 조건이 두 가지 있어."

'무슨 조건? 내 용돈을 줄이겠다는 걸까? 어쨌든 지금의 나로서는 무조건 받아들여야겠지만……'

"첫 번째 조건은,"

나는 숨을 죽이고 남편의 입술만을 바라봤습니다.

"당신이 정말로 하고 싶은 일이 뭔지, 뭘 원하는 건지 진지하게 생각한 다음, 나에게 알려주는 거야."

내가 정말 하고 싶은 일

"그 이야기라면 지금까지 여러 번 말했잖아."

"아니, 내가 들은 이야기는 항상 당신의 '순간적인 발상'뿐이었어. 그런 거 말고 '진지하게 생각을 한 다음에' 말해줘. 그러지 않으면 무슨 말을 해도 결국 도루묵이야. 한번 잘 생각해봐. 정말로 당신이 하고 싶은 일이 뭔지. 어떤 인생을 살고 싶은지."

"하고 싶은 건 이미 정해져 있어. 그게 뭐냐면……."

'어라? 뭐였지? 당장 떠오르는 말이 없네. 이런저런 자격증 취득? 아니, 그건 아니야. 언제부터 이렇게 됐는지 모르겠는데 자격증 취득이 내 인생의 목표일 리 없어. 가만, 그럼 나는 왜 자격증 공부를 한 거지? 맞다, 자격증을 따서 내 일을 갖고 싶었던 거야. 바로 그거네!'

"내 일을 갖는 거야."

나는 남편을 보면서 자신만만한 말투로 대답했습니다. 그런데 남편의 표정은 여전히 심각합니다.

"그저 일을 갖는 게 소원이라면 그때 그 한 시간에 7천 원인가 주는 빵집 알바를 계속하지 그랬어?"

"싫어. 그 빵집 사장이 나를 얼마나 무시했는데. 그런 모욕을 당하면서도 바보처럼 웃고 있었던 나한테 아직도 인간 혐오가 느껴진다고. 두 번 다시 그런 경험은 안 할 테야."

"그러니까 '두 번 다시 그런 경험은 안 한다'는 게 당신이 원하는 거야? 그럼 됐네. 내일부터 집밖으로는 한 발짝도 나가지 말고 집에서만 있으면 되잖아. 그러면 아무도 당신을 무시하거나 하지 않을 테니까."

"집 안에만 있으면 답답해서 싫어. 당신은 내 마음 몰라. 아무도 나를 필요로 하지 않고 아무도 나를 상대해주지 않는 느낌이 든단 말이야. 세상 사람들이 모두 앞을 향해 달려가는데 나는 살림만 하는 여자로 집에 혼자 남겨진 것 같아서 너무 허전하고 결국 이대로 살다가 언젠가는 그냥 늙어 죽을 것 같아서 두려워. 당신이 그런 공포감이 어떤 건지 알기나 해?"

"그렇게 말하면 세상 모든 전업주부들에게 실례 아닌가? 당신처럼 생각하는 사람도 있을 수 있겠지만 전업주부로서의 역할에 만족하고 자긍심을 느끼면서 열심히 살아가는 사람들도 얼마든지 있어. 당신이 느끼는 외로움이나 공포감은 어디까지나 '당신만의' 감정이야."

남편과 이렇게 대화를 이어가는 동안에 비로소 나는 깨달았습니다. 사회에 다시 나가고 싶었던 이유가 무엇이었는지. 그저 사회에 나가는 것이 중요한 게 아니었습니다. 내가 사회에 나가고 싶었던 것은 그저 돈이 필요해서가 아니었으며 사회에서 나를 필요로 해주고 그만큼 인정받고 싶다는 욕구가 내 마음 깊은 곳에서 강하게 요동치고 있었던 것입니다.

"맞아! 나는 일을 하고 싶은 거야. 어떻게 하면 나이를 먹어도 사회에서 내 자리를 지키면서 계속 일할 수 있을지 항상 고민해왔어. 좀 더 강해지고 싶기도 하고. 자신감을 갖고 살려면 나한테는 역시 일이 필요해. 내가 일을 하고 싶은 이유는 바로 그거야!"

지금까지 뿌옇게만 보이던 내 마음속 감정이 갑자기 분명하게 보이기 시작했기 때문이었을까요. 정신을 차리고 보니 나는 어느새 벌떡 일어나서 눈물까지 흘리며 남편을 향해 큰 소리로 외치고 있었습니다. 남편은 당황한 표정으로 나를 말렸지만 나는 계속해서 큰 소리로 외쳤습니다.

"대학을 졸업하고 취직한 다음에도 항상 난 왜 이렇게 무능력할까, 그 생각뿐이었어. 그건 지금도 마찬가지고. 그럴수록 더 강해지고 싶었어. 좀 더 높은 곳으로 올라가고 싶었어. 난 정말로 자신감 넘치는 사람이 되고 싶어. 언제까지라도 사회에 내 자리가 있었으면 좋겠다고!!!"

눈물까지 흘려가면서 이런 개똥철학 같은 인생관을 외치다니. 그것도 한밤중에 내 집 식탁 앞에서 잠옷 차림을 한 남편을 앞에 두고. 뭔가 우스꽝스러운 느낌이다. 역시 나는 바보인 걸까.

먼저 목표를 확고하게 정하라

"당신, 지금 내가 바보 같다고 생각하지?"

"그렇게 생각 안 해. 아무튼 코는 좀 풀지 그래? 얼굴이 온통 눈물 콧물 범벅이야."

남편이 크리넥스 티슈곽을 이쪽으로 내밀었습니다.

"그런 식으로 자기 비하에 빠질 필요까지는 없잖아?"

"어쩔 수 없어. 나는 정말 바보 같아. 결혼했으면 아무지게 살림이나 하면서 얼마든지 잘 살 수도 있을 텐데 가방끈도 짧은 주제에 더 강해지고 싶다는 둥, 자신감을 갖고 살고 싶다는 둥, 이렇게 밑도 끝도 없는 소리만 늘어놓고……."

한번 봇물 터진 눈물은 좀처럼 멈추지 않습니다.

"내참, 왜 그렇게 감정적으로만 치닫는지 모르겠네. 강해지고 싶고 자신감을 갖고 살고 싶다? 그러면 된 거잖아. 드디어 당신이 뭘 원하는지 목표를 확실하게 정할 수 있게 됐으니까."

"목표를 확실하게 정할 수 있다고?"

"인간은 누구나 그래. 먼저 목표를 확고하게 정하지 않으면 추진력이 나오지 않는 법이야. 확고한 목표만 정해진다면 간혹 우왕좌왕하긴 해도 원래 가던 길에서 크게 벗어나지 않아. 하지만 목표가 확고하지 않은 상태에서 일단 뭐든 시작하고 보는 사람들은 길을 달리다 보면 전혀 다른 길로 가고 있었다는 사실을 뒤늦게 깨닫곤 하지. 자신만의 목표를 확고하게 정해놓지 않고 일단 가다 보니 자꾸 방황하게 된다고나 할까. 나는 당신이 아까 한 말이 바보 같다고는 생각하지 않아. 지극히 여자다운 생각이라고 하면 모를까."

"여자다운 생각이라니? 그게 무슨 뜻이야?"

"뭐랄까, 여자들은 말이지, 꽃 같은 존재야."

"꽃?"

"인간 사회에서 여자들은 '꽃'이라는 거야. 그래서 여자들이 모이면 분위기가 화사해진다고 하잖아."

"뭐, 좀 그렇기도 하지."

"그런데 만약 여자가 꽃이라면 언제까지나 꽃봉오리인 채로 살 수는 없어. 동백꽃처럼 꽃봉오리인 채로 그냥 저버리는 건 당신도 싫지? 꽃으로 태어난 이상 활짝 피어봐야지. 그리고 활짝 핀 후에도 항상 그 모습을 유지하고 싶고. 그게 여자들의 본능 아닐까. 일이란 말이야, 그런 여자들에게는 사회에서 자신을 활짝 꽃피울 수 있도록 해주는 도구라고 봐."

남편이 무슨 말을 하려는지 어렴풋이나마 알 것 같았습니다. 그렇구나, 나는 활짝 피어나고 싶은 거였어. 꽃봉오리인 채 그냥 이대로 져버릴까 봐 불안해서 계속 그렇게 고민이 끊이지 않았던 거였구나……. 이 사회에서 나만의 역할을 찾아서 활짝 꽃피워보고 싶어! 그리고 계속해서 그렇게 피어 있고 싶고! 내가 원하는 것이 무엇이었는지, 그때까지 복잡하게 얽혀 있던 여러 가지 생각들이 드디어 분명한 표현으로 드러나는 순간이었습니다.

일은 목적이 아니라 도구다

"여자들한테, 아니 이건 남자들도 마찬가지이긴 한데, 먹고 사는 데 크게 어려움이 없는 현대 사회의 사람들에게 있어서 본질적으로 일은 목적이 될 수 없어. 목적은 스스로를 활짝 꽃 피우게 하는 거야. 일은 그 목적을 위한 도구가 되는 거고. 일이 그런 도구 역할을 할 때 비로소 사람들은 열심히 일하게 돼. 그리고 계속 노력하게 되고. 하지만 당신을 포함 많은 여자들은 그걸 잘 모르는 것 같아. 특히 여자들은 남자들과 달라서 오로지 돈 때문에 일을 하지는 않잖아. 지위나 권력욕에 휘둘리는 일도 상대적으로 적고. 그래도 억지로 시키면 일을 하기는 하겠지만 그러다 보면 심신이 피폐해져서 일에 최선을 다할 수가 없어. 미국 사회에서 잘 나간다는 여성들도 어느 정도 높은 지위를 얻을 때쯤엔 기력이 고갈돼서, 더 이상 커리어를 이어가지 못하고 결국 은퇴하는 사람들도 많아. 아까운 일이지."

남편의 말이 맞을지도 모르겠습니다. 돈이나 지위, 권력을 추구하면서 맹렬하게 일하는 슈퍼우먼들 중에는 왠지 모르지만 여성 특유의 온화한 분위기가 느껴지지 않고 전체적으로 뭐랄까 윤기가 없는 것처럼 건조한 인상을 주는 사람들도 있었던 것 같으니까요.

 "일을 돈이나 지위, 권력을 얻기 위한 수단으로 여기는 그 순간, 일터는 '경쟁'을 하는 곳이 되어서 '전쟁터'로 변해버려. 남자들은 원래 경쟁을 하는 게 태어날 때부터 유전자에 새겨진 본능이기 때문에 괜찮거든. 경쟁이 벌어진 상태에서도 열심히 일할 수 있고 계속 힘을 낼 수 있다는 뜻이야. 물론, 여성들도 그런 경우가 있겠지만 대부분은 아닌 것 같아. 여자들이 본능적으로 좋아하는 건 스스로 화려하게 꽃을 피우는 게 아닐까? 남자처럼 경쟁 본능이 없는 여자들의 경우 일에 전력을 기울이기가 참 힘든 것 같아. 그러니 직장에서 성공을 꿈꾸는 여자들은 직장을 '자기표현의 장'이자 '인정받기 위한 장소' '자신의 가능성을 발견하고 꽃을 피울 수 있는 장소'로 만들면 어떨까 싶어. 당신이 오랫동안 겪고 있는 그 우울감도…… 이 문제에서부터 풀어나가는 게 지름길이 아닐까?"

 "맞아. 어쨌든 내가 뭘 하고 싶은 건지, 또 그걸 위해서는 어떤 준비를 해야 하는지를 스스로 안다는 건 정말 개운한 느낌이야!"

 "내가 말했잖아. 일단 목표가 확고하게 정해져야 한다고. 자기가 어떤 목표를 향하고 있는지 안다는 게 그리 쉽지는 않아. 하지만 날마다 행복을 느끼려면 자기가 가고 싶은 길의 '방향'

만이라도 반드시 제대로 알아둬야 해. 그런데도 많은 여자들은 내면에 간직되어 있는 여성성을 부정하는 스타일의 업무에만 집착하면서 스스로를 지치게 만들어. 그런 일은 평생을 해도 노력하면 노력할수록 힘만 들 뿐이야. 남자들이 보기에는 참으로 안타까울 때가 많아. 남자들은 갖고 싶어도 못 갖는 부분인데 말이지."

'돈 버는 센스'를 배우는 수업

어느덧 새벽 두 시. 주위에는 고요한 적막만이 흐르고 있습니다. 부부싸움을 시작했을 때가 열한 시 반이 조금 지났을 때였으니 벌써 남편과 두 시간도 넘게 대화를 나눈 셈입니다.

"당신이 하고 싶은 일이 무엇이고 또 그걸 하기 위해서는 무엇부터 생각해야 하는지를 분명히 깨닫게 된다면 내가 제시한 첫 번째 조건은 해결된 거야. 그럼 이제부터 두 번째 조건을 알려줄게."

"지금?"

"나는 더 이상 불평불만을 늘어놓는 당신이 되길 원하지 않아. 지금까지는 냄새나는 쓰레기통에 뚜껑을 닫는다는 마음으로 그냥 귀를 막고 꾹 참아 왔는데 오늘 밤에는 생각이 달라졌어. 내가 꾹 참는다고 쓰레기가 없어지는 것도 아니니까."

'잠깐만, 지금 나를 쓰레기통에 비유한 거야? 말 다 했어?' 나도 모르게 이 말이 튀어나올 뻔했지만 나는 간신히 그 말을 삼켰습니다. 어쨌거나 오늘 밤은 내가 완전히 나쁜 역할을 전담해야 하는 분위기였으니까요.

"그래서 두 번째 조건이 뭔데?"

"두 번째 조건은, 당신이 내 학생이 되는 거야."

"뭐? 학생? 그게 무슨 뜻이야? 대학 졸업한 지 몇 년 되지도 않았는데 나보고 또 학생이 되라고? 그것도 당신 학생이? 자격증 공부도 이제 그만둘 판에 뭘 또 배우라는 거야?"

"오늘 밤 나는 중요한 사실을 깨달았어. 당신은 내가 생각했던 것보다 훨씬 더 사회성이 부족해. 세상이나 다른 사람들에 대해서 부정적인 감정을 필요 이상으로 많이 갖고 있어. 당신은 인생이 잘 안 풀리는 이유를 세상이 잘못됐다거나 다른 사람들이 다 나빠서 그런 거라고 믿고 있잖아. 마치 비극의 주인공이라도 된 듯 우울해하며 인생을 낭비하고 있어. 그것 역시 당신 자유라고 하면 어쩔 수 없겠지만 이건 당신만의 문제가 아니야. 언젠가 태어날 우리 아이를 생각해봐. 난 아이를 갖기 원하고 내 아이를 낳아줄 사람은 현재로서는 당신뿐이야. 그리고 가정교육은 아무래도 아빠보다는 엄마의 역할이 훨씬 비중이 커. 내 아이의 엄마가 될 사람이 뭐든지 남 탓에 세상 탓만 하고 날마다 불평불만만 늘어놓는 사교성 없는 사람이라니, 생각만 해도 끔찍해. 그래서 조금 전에 결심했어. 아직 태어나지도 않은 미래의 내 아이를 위해 당신부터 제대로 교육시켜야겠다고."

정말 충격적인 이야기였습니다. 표면적으로 내뱉은 말들은 나의 결정을 돕기 위해 좀 더 자극적으로 덧붙인 말이겠지만, 그것들을 모두 부정할 수만은 없다는 사실이 더 충격이었습니다. 그리고 남편은 분명 나보다는 훨씬 자신의 목표를 잡고 제대로 나아가고 있는 사람임에 분명했습니다. 나의 세세한 부분까지 잘 알고 있는 사람에게서 배운다는 게 어쩌면 조금은 덜 자존심 상하는 일이 될지도 모른다는 생각도 스멀스멀 올라오기 시작했습니다. '그래서 직접 나를 가르치겠다고? 그러면 내가 스스로 꽃피울 수 있는 사람이 된다는 건가? 하지만 이미 성인이 된 사람이, 부부 간에 이루어지는 교육 정도로 쉽게 변할 수가 있을까?'

그래서 나는 남편에게 물었습니다.

"고맙긴 한데, 미안하지만 당신이 그럴 정도가 돼? 당신도 전문가는 아니잖아."

"지금 당신에게 필요한 건 '돈 버는 센스'인 것 같아."

"돈 버는 센스?"

"응. 돈 버는 센스."

"너도 나도 그걸 가지려고 죽기 살기로 덤벼들고 있는 거 아닐까? 나도 돈을 척척 벌어들이는 센스를 갖고 싶어서 갖가지 자격증에 그만큼 도전했던 거고. 하지만 자격증을 딴다고 해서 그게 바로 돈벌이가 되지는 않아. 그걸 이제야 알게 됐기 때문에 지금 이렇게 후회하고 있는 거고."

"돈 버는 센스라고 하면 대개 외국어 인증 실력이라든가 컴퓨터 자격증 같은 걸 떠올리는 모양인데, 아무리 자격증을 많이 따봤자 그게 돈벌이에 직결되지 않는다는 건 맞아. 실제로 자격증이 있어도 일이 잘 안 풀리고 돈을 벌어들이는 것과 전혀 상관없이 사는 사람들도 얼마든지 있으니까. 운 좋게 외국 유학을 가서 MBA 학위를 취득하고 와도 여전히 예전과 똑같은 수준의 연봉을 받고 일하는 사람들도 많고. 하지만 반대로 중학교밖에 못 나왔지만 수많은 직원들을 거느린 대기업 총수도 있잖아. 일류 대학을 나와서 스펙이 뛰어난 사람들도 그 중졸 회장님의 눈치를 보면서 일하기도 하고. 당신은 어째서 이런 일이 가능하다고 봐?"

"그러니까 외국어 실력이나 컴퓨터 다루는 능력, 자격증이나 과거 경력 같은 것들은 돈 버는 센스랑 상관이 없다는 거야?"

"'외국어 실력이나 컴퓨터 다루는 능력, 자격증, 경력, MBA 학위가 바로 돈 버는 센스'라는 공식은 '자기 분석'이라든가 '시장 가치'와 같은 허울 좋은 문구를 남발하면서 경영 컨설팅을 업으로 삼는 사람들이 만들어낸 허상이야. 당신도 지금까지 그 사람들의 사탕발림에 넘어갔던 거고."

"그럼 당신이 말하는 '돈 버는 센스'는 대체 뭐야?"

"나는 직업상 지금까지 날마다 많은 회사의 오너들과 접하면서 기업과 CEO들을 심사해왔어. 심사할 때 내가 주로 보는 건 '이 CEO와 기업이 앞으로도 계속 돈을 벌어들일 수 있을까'야. 그런 관점에서 계속 CEO와 기업을 봐온 내가 당신이 이렇게 방황하는 걸 보면서 내린 결론이 하나 있어."

"그게 뭔데?"

이쯤 되니 나는 남편의 말에 완전히 집중하게 됐습니다.

"돈을 벌기 위해 필요한 것은 바로 '돈 버는 센스의 원천이 되는 씨앗이 자기 안에 있다는 것을 깨닫고 그걸 싹 틔울 수 있는 힘'이야. 내 안에 그 씨앗이 있다는 걸 깨닫고 그걸 싹 틔우고 물을 주며 길러서 비즈니스 현장에서 화려하게 꽃을 피울 수 있도록 해야 해. 그러지 않으면 아무리 좋은 씨앗이라고 해도 바로 돈으로 연결되지는 않아. 말하자면 당신은 지금까지 그 씨앗만을 열심히 모아온 셈이야."

소위 말하는 '팩트 폭력'이 이런 걸까요. 정말이지 반론을 할 수가 없습니다.

"생각해봐. 갖고 있는 씨앗이 백 개나 되는데 그중에서 하나만 비즈니스 현장에서 꽃을 피우는 데 성공한 사람이 있다고 해보자. 그런데 또 다른 사람은 씨앗이 세 개밖에 없는데도 그세 개를 다 꽃피웠다면 두 사람 중에서 누가 더 높은 평가를 받겠어? 그리고 누가 더 돈을 많이 벌어들일 것 같아?"

"그거야 당연히 세 개 가진 사람이겠지."

"바로 그거야. 비즈니스 현장에서는 좋은 평가를 받지 못하는 사람에게는 기회도 주어지지 않아. 기회가 오지 않으면 실적도 못 쌓게 되는 거고 실적이 없으면 승진도 물 건너가고 당연히 연봉도 제자리겠지. 이런저런 자격증, 학벌, 외국어 실력이나 기술 등 돈 버는 능력의 원천이 되는 씨앗을 아무리 많이 갖고 있어봤자 꽃을 피우지 못하면 그건 돼지 목에 진주나 마찬가지 아니겠어? 당신이 생각하는 이상적인 미래를 실현하려면 이제 씨앗 모으기는 그만해. 대개의 경우 그 씨앗이라는 건 말이지, 이십 년 정도 살다 보면 누구라도 충분히 모을 수 있다고 봐. 당신이 지금부터 해야 할 일은 지금까지 모아둔 씨앗을 어디에 뿌리면 싹이 잘 나올지 연구해서 거기에 씨를 뿌리고 잘 키워서 꽃을 피울 수 있게 만든 후에 다른 사람들에게 올바른 평가를 받도록 하는 거야. 이제는 그 스킬을 갈고닦을 때라고."

"하지만 나는 이십 년 이상 살아도 그렇게 충분히 씨앗이 모였다는 생각이 들지 않았어. 그래서 씨앗 모으기에 더 집착했던 거야."

"당신은 아직도 이런저런 자격증이나 외국어 실력, 컴퓨터 다루는 능력이나 경력 같은 게 '돈 버는 센스'라고 믿고 있는 모양인데 그건 정말 아니야. 당신이 지금까지 살아오면서 키워온 재능이나 스킬, 사람들, 모아놓은 돈, 아이디어나 노하우, 참신한 발상 등등, 이 모든 것들이 '돈 버는 센스'가 될 수 있어."

"사람들이라면 인맥을 말하는 거지? 난 그렇게 화려한 인맥 같은 건 없는데."

"내가 말한 건 인적 자원이야. 인적 자원은 인맥과는 좀 달라. 장인어른이랑 장모님만 해도 당신에게는 훌륭한 인적 자원 아니야?"

"아니, 당신도 알겠지만 우리 엄마랑 아빠는 지방 출신의 평범한 월급쟁이에 불과해. 내로라하는 인물도 아닌데 어떻게 인적 자원이라고 할 수 있겠어."

"그렇다면 물어보자. 당신은 장인어른의 친구나 선후배 관계에 대해서 얼마나 알아? 장모님의 인간관계에 대해서는? 예를 들어 당신이 어떤 사람을 만나고 싶다고 하자. 장인어른은 그 소원을 이루어주실 수 없다 해도 장인어른의 친구나 선배는 그 소원을 이루어줄 수도 있잖아. 만약 안 된다면 그 친구의 선배, 또 그 선배의 친구가 당신이 만나고 싶어 하는 사람과 알고 지내는 사이일 수도 있고. 그런 말 들어봤어? 어차피 인간관계는 세 다리만 건너가면 다 아는 사이라는 말. 당신도 마음만 먹으면 장인어른이나 장모님의 인간관계를 이용해서 얼마든지 인적 네트워크를 넓혀갈 수 있어. 그래서 장인어른이나 장모님이 당신의 인적 자원이 될 수 있단 얘기야."

나는 뒤통수를 한 대 얻어맞은 기분이었습니다. 우리 엄마 아빠가 나의 인적 자원이었다니, 여태까지는 한 번도 그렇게 생각해본 적이 없었기 때문입니다.

"'돈을 버는 센스'란 말이지, 자기가 지금까지 살아오면서 쌓아온 재능이나 스킬, 사람들, 물건, 자금, 정보, 노하우, 아이디어, 발상 등을 재화나 서비스의 형태로 바꾸어서 세상에 제공하고 그 대가로 경제적 이익을 얻는 힘을 말하는 거야. 다시 말하자면 지금까지 살아오면서 쌓아온 재능이나 스킬, 그리고 인적 자원과 물적 자원, 자금, 정보, 노하우, 아이디어, 발상 등을 비즈니스 현장에서 싹 틔우고 키워내서 화려하게 꽃을 피운 다음에, 주위 사람들로부터 정말 예쁘다는 평가를 받을 수 있는 감각! 그 힘이 바로 '돈 버는 센스'인 거라고!"

누구에게나 '돈 버는 센스'의 씨앗은 있다

시간은 꽤 늦었지만 열과 성을 다해서 진지하게 설명하는 남편의 기세에 나는 그저 압도당할 뿐이었습니다. 신입인 나를 가르치기 위해 조곤조곤 구체적인 것까지 설명해주곤 하던 남편의 옛 모습이 새록새록 떠오르는 것 같기도 했습니다. 자존심을 내세우자면 끝도 없겠지만, 지금은 그 자존심보다 이전과는 다른, 내가 정말 원하는 것을 알고 돈 버는 능력을 갖춘 사람으로 꽃피우고 싶은 마음이 우선이었습니다. 그래서 나는 남편의 말에 귀를 기울이기로 했습니다.

"하지만 대부분의 사람들은 돈 버는 능력을 오해하고 있어. 그래서 자기 안에 돈 버는 능력의 원천이 되는 씨앗이 모여 있는 것도 모르고 또 무엇이 있는지 알아보려 하지도 않아. 그러면서 자기한테는 이게 없네, 저게 부족하네, 하면서 한탄만 늘어놓지. 사실은 자기 안에 잠들어 있는 잠재력이 어마어마한데도 말이야. 게다가 그 잠재력은 자신만이 가진 귀한 능력일 경우가 많아. 진짜 어이없고 아깝지 않아?"

"당연히 아깝지! 지금까지 내가 얼마나 헛발질하고 살았는지 이제야 알았어. 난 정말로 아무런 장점 하나 없는 인간인 줄 알았거든. 아무 능력도, 감각도 없는 쓸모없는 인간이라고 자기 비하까지 했었어. 그래서 없는 능력을 어떻게든 얻으려고 계속 여기저기 기웃거리고……."

내 안에 이미 돈 버는 센스의 원천인 씨앗이 모여 있다니. 나처럼 평범한 사람의 아이디어나 발상이 돈 버는 센스의 씨앗이 될 수 있다니. 상상조차 못 했던 일이었습니다.

"아이디어나 발상뿐만이 아니야. 당신 같은 여성들은 '특별한 감수성'이나 '사고방식'도 씨앗이 될 수 있어."

"우리 같은 여자들이 어떻게 느끼는지, 무엇을 생각하는지가 돈 버는 센스로 이어진다고? 어떻게?"

"이 사회가 공급자 중심의 사회에서 소비자 중심의 사회로 변해가고 있기 때문이지. 현대 사회에서 가정 내 소비의 주도권을 누가 갖고 있는 것 같아?"

"그거야 주부들이지."

"잘 알고 있네. 연휴 때 어디로 가족여행을 갈 것인가, 어디

있는 식당에서 무엇을 먹을 것인가, 이런 것들도 대부분 여자들이 결정을 내리잖아. 애들 학교를 어디로 보낼 것인가는 말할 것도 없고. 물론 대외적으로는 집안의 가장인 남편이 결정권을 쥐고 있는 것처럼 보이지만 소비에 관해서는 아내가 주도권을 쥐고 있는 경우가 훨씬 많아."

"자동차도 그런가? 자동차는 남자들이 자기가 갖고 싶은 차를 살 것 같은데."

"자동차 하나쯤은 남자들이 결정할 수 있도록 남겨줬으면 좋겠는데 이마저도 솔직히 요즘에는 점점 여자들의 목소리가 커지고 있잖아? 여자 친구나 아내 마음에 들지 않는 자동차를 구입하면 나중에 어떤 식으로든 귀찮고 골치 아픈 일이 생기게 된다는 걸 경험해본 남자들이라면, 새로 자동차를 구입할 때에는 최대한 여자들의 의견을 반영하려고 할 테니까."

"진짜 그러네. 결국 소비자 중심의 시대라는 건, 기업 입장에서 보면 여성 고객을 사로잡아야 하는 시대네."

"그렇지. 숙박업들도 마찬가지야. 주말에 가족 단위로 찾는 스파나 펜션들을 봐. 여자들의 기호에 잘 맞추고 그녀들의 마음을 사로잡아야 업계를 선도할 수 있어. 그런데 대부분의 기업에는 아직도 남자 직원들이 더 많잖아. 그런데 남자와 여자는 감성 자체가 완전히 다른 종족이거든. 그래서 그런지 남자들이 기획하고 진행하는 소위 '여성을 위한 프로젝트'는 하나같이 실패로 끝나버렸어. 그러고 나서야 비로소 기업도 깨닫게 된 거야. 이제까지 통했던 남성 위주의 발상으로는 더 이상 먹히지 않는 부분이 시장에 존재한다는 것을. 그래서 앞으로는 여성들의 감수성이나 사고방식, 시각 등을 정확히 아는 것이 업계에서 성공하는 데 필수 조건이라는 현실을 인정하게 된 거야."

여자들이 어떻게 느끼고 어떻게 생각하는지, 그걸 파악하는 것이 돈 버는 센스의 씨앗이 된다……? 나는 지금까지 여자가 성공하기 위해서는 여성성을 버리고 남성과 동등하게 일해야 하는 줄로만 생각했습니다. 남성들이 평정해놓은 사회에서 여성으로 일하는 건 항상 불리하다고만 생각했으니까요. 하지만 남편의 말을 듣고 보니 새로운 관점이 생겨났습니다. 여자가 남자가 되어 남성과 경쟁해야 하는 것이 아니라, 여성이기 때문에 유리한 점을 가지고 당당하게 경쟁하면 되는 것이었습니다.

"여성성이란 특징은 지금 같은 소비자 중심 시대에서는 돈 버는 능력을 끌어낼 수 있는 아주 중요한 씨앗이야. 그런데 당신도 그렇고 여자들은 그 소중한 씨앗을 어떻게 키워야 하는지를 잘 모르는 데다가 남자들에게 지지 않으려는 쪽으로만 필요 이상으로 힘을 쏟는 것 같아. 그 바람에 모처럼 모아놓은 씨앗을 살리지도 못하고 어느새 심신이 모두 지쳐서 도중에 포기해버리고 말더라고. 우리 회사에서도 그런 사례를 꽤나 많이 봤어."

'헉. 지금 내 이야기하는 거 아니야?' 여성이 사회에서 인정을 받으려면 본인이 여자라는 사실을 잊어버려야만 한다고, 그렇게 굳게 믿어온 생각들이 무너지고 있었습니다. 결혼 전 은행에서 근무할 때에도 어떻게든 남자들에게 뒤처지지 않으려고 안간힘을 쓰면서 고군분투했던 저였습니다. 그러니 나가떨어질 수밖에요. 그땐 아무리 해도 남자들을 이길 수 없단 생각, 결국엔 지쳐 나가떨어지고 말 거란 생각밖엔 들지 않았습니다.

사람에게도 유효기간이란 게 있다

"내 안에 잠들어 있는 자원을 활용하는 것이 사회적 성공과 고소득의 비결이라니, 정말 몰랐어. 그렇게 생각해본 적은 없는 것 같아. 아무도 나한테 그렇게 말해준 사람이 없었거든."

"지금이라도 알았으니 얼마나 다행이야. 자, 이제 선택은 당신에게 달렸어. 돈 버는 센스, 즉 감각을 키우는 트레이닝. 해볼래, 말래? 당신이 결정해."

"트레이닝이라면…… 아무래도 좀 힘들겠지?"

"힘들지도 모르지."

세상에 힘들이지 않고 얻어낼 수 있는 일이 뭐가 있겠느냐만, 이미 많이 지쳐 있어서인지 선뜻 '좋다'고 말할 용기가 나지 않았습니다. 이런 내 마음을 읽은 것인지, 남편이 덧붙여 이야기했습니다.

"힘들지도 몰라. 하지만 노력 한 번 해보지 않은 사람은 나중에 반드시 후회하게 될 거야. 당신이 은행에 처음 출근했던 날에 내가 사수로서 후배사원 교육에 들어가서 제일 먼저 했던 말, 기억나?"

"당연히 기억하지. '젊은 날에는 젊음이나 외모를 무기 삼아버틸 수 있을지 모르지만 서른 살이 될 때까지도 내면을 갈고닦는 노력을 하지 않는다면 서른 살 이후에 아무도 상대해주지 않을 거다'라고. 상당히 표현이 직설적인 사람이구나 싶었어. 진짜 면전에서 그런 말을 대놓고 하는 사람은 처음 봤다니까."

"당신도 느꼈을 거야. 사람에게도 '유효기간'이라는 게 있다는 걸. 그리고 당신이 그 유효기간을 조금이라도 늘려보려고 노력한 거 알아. 다른 여직원들이 아무 생각 없이 있다 도태되는 걸 보면서, 당신은 어떻게든 그 기한을 연장해보려고 했겠지. 나를 반려자로 선택한 것도 그런 이유에서였고."

"헉. 설마 당신, 다 알고 있었던 거야? 솔직히 그래. 맞아. 남자든 여자든, 아니, 특히 여자에게는 유효기간이라는 게 무척 중요하게 적용이 되는 것 같아. 다른 사람은 몰라도 난, 서른 살이 넘어서도 사회에서 내 능력을 인정받고 싶었고 비슷한 연령대의 여직원들이 유효기간이 얼마 안 남았다고 당황할 때 나만큼은 여유 있는 태도를 보여주고 싶었어. 그럴 수만 있다면 무척 기분이 좋을 것 같았거든."

"하지만 지금 당신은 도태되어가고 있지. 꿈은 야무졌지만."

"말이 너무 심한 거 아니야?"

"그렇게 화내지 마. 아직 완전히 도태된 건 아니니까. 완전히 유효기간이 지나서 상해버린 상태는 아니란 뜻이야. 당신은 말이지, 딸기를 예로 들면 되려나."

"딸기? 내가 딸기라는 거야?"

"말하자면 당신이라는 딸기는 지금 시들어가는 중이야. 맛있게 먹을 수 있는 유효기간이 곧 끝나버려. 하지만 그 기한을 좀 연장하고 싶어. 그러려면 어떻게 해야 할까?"

"그걸 내가 어떻게 알아."

"지난주였나. 장모님께서 손수 만드신 딸기잼을 갖다 주셨잖아. 당신이 고맙다고 전화하면서 이런 말을 했었지. '약간 시든 딸기도 잼으로 만드니까 맛있다'고."

"그래, 당신 말이 맞네. 생딸기인 채로 천년만년 갈 수는 없겠지. 그래서 그걸 잼으로 만들면 유효기간이 늘어날 거고. 두고두고 먹을 수도 있을 거고."

남편이 나를 두고 '시든 딸기'라 표현한 게 괘씸하긴 했지만, 남편이 한 말만큼은 인정할 수밖에 없었습니다. 남자든 여자든 유효기간을 갖지 않는 사람은 없을 테니, 내가 어디에서 얼마나 쓸모 있는 사람이 될 수 있을지를 생각하는 것은 적어도 '일'을 하고 싶은 사람에겐 당연한 것이었습니다. 그래서 나는 남편의 말에 저절로 고개가 끄덕여졌습니다.

"그러니까 서른 살이 되기 전에 일단은 잼으로 변신해야 해. 그리고 사십 대를 맞이할 무렵에는 생크림을 준비해놓고 오십 대가 될 때까지 스펀지 케이크를 만들어놓으면 돼. 비유하자면 생크림은 인맥, 스펀지 케이크는 후배 양성쯤 되려나. 그런데 여기서 생딸기를 잼으로 만들려면 뭐가 필요한지 알아?"

"설탕이랑 레몬즙, 아니야? 그걸 넣고 푹 졸여야 잼이 되지."

"그렇게 하면 펙틴이 생기니까. 그게 있어야 몽글몽글한 잼이 완성되는 거야."

"맞아."

"돈 버는 센스는, 말하자면 당신이라는 딸기를 잼으로 만들어주는 펙틴 같은 거야. 펙틴이 생성되려면 레몬즙이 필요하지? 마찬가지로 돈 버는 센스를 갖추려면 레몬즙처럼 씁쓸한 경험도 꼭 필요한 거야. 힘든 경험이라도 그게 '이 사회에서 내가 가진 능력을 꽃피우게 만들어 주는 요소'라고 생각하면서 노력하다 보면 인생의 달콤한 맛도 얻을 수 있는 거 아닐까?"

그러고 보니 식탁 한편에는 지난주에 직접 만들어서 보내준 엄마표 딸기잼이 놓여 있었습니다.

남편은 장난치듯이 웃으면서 나에게 질문을 던집니다.

"우리 영부인께서는 시든 딸기랑 맛있는 잼 중에서 어느 쪽이 되고 싶으신가?"

이미 제 결심은 서 있었습니다.

"알았어. 당신한테 수업 받을게. 힘들어도 괜찮아. 씁쓸한 경험도 감수할 거야. 씁쓸한 레몬즙을 잔뜩 넣고 푹 졸여서 맛있는 잼을 반드시 완성시키고야 말겠어."

이렇게 해서 그날부터 나는 남편이 직접 가르치는 '돈 버는 센스 트레이닝' 과정의 수강생이 된 것입니다.

Part **2**

경영자형 인재가
되는 길

'돈 버는 센스를 갖춘다!'

어느 날 밤에 벌어진 부부싸움 끝에

남편이 들려준 말 속에서 나는

내가 무엇을 목표로 삼아야 하는지를 깨달았습니다.

그런데 남편은 지금까지 내가 살아온 방식은 잘못됐다고 합니다.

남편의 말에 따르자면, 나는 우선

'경영자형 인재'로 바뀌어야 한다는 것입니다.

'돈 버는 센스'는 이미 내 안에 있다

지금까지 남편의 이야기를 들으면서 나는 돈 버는 센스라는 것이 무엇을 의미하는지 어렴풋이나마 알 것 같았습니다. 돈 버는 센스를 키운다는 것은 이미 돈을 버는 사람을 롤 모델로 삼아서 지금까지의 자기 모습을 버리고 그 사람이 되기 위해 노력하는 것이 아니라는 것. 오히려 꼭 해야 하는 일은, 자기 자신 안에 잠재되어 있는 능력이나 자원을 비즈니스 현장에서 활용할 수 있는 원동력을 갖추는 일이라는 것을 말입니다. 그렇지만 아예 처음부터 나에게 그런 잠재력이 없다면 어떻게 할까요? 단언컨대 그런 일은 없습니다. 단지 본인에게 어떤 능력이 있는지를 스스로 깨닫지 못하고 있을 뿐입니다. 자신이 갖고 있는 힘을 '돈 버는 센스'로 전환하는 방법을 아직 모르고 있는 것이죠. 그 방법만 알게 된다면 직장에서 경력을 쌓거나 더 좋은 직장으로 이직을 할 수도 있고 육아휴직을 마친 후 당당하게 직장에 복귀할 수도 있으며 나아가 오너가 되어 창업을 하는 일도 가능할지 모릅니다. 그것은 바로 제 이야기이기도 합니다.

자본금은커녕 이렇다 할 경력도 없는 데다가 영어 실력도 뛰어나지 않고 컴퓨터도 잘 다루지 못했던 내가 이직에 성공하고 창업이라는 목표를 이루어냈습니다. 이 모든 것이 가능했던 이유는 성장과정 동안 내 안에 축적해온 창의적인 발상, 개성, 노하우, 시각, 그리고 인적·물적 자원, 자금, 정보 등등 내가 갖고 있던 모든 자원을 어떻게 효과적으로 비즈니스 현장에서 살릴 것인가를 연구해왔기 때문이라고 생각합니다. 내 안에 잠재되어 있는, 그리고 하루하루 지날수록 더 많아져 가는 '내적 자원'을 비즈니스 현장에서 살릴 수 있는 원동력. 바로 그것이 '돈 버는 센스'입니다. 이 센스는 어떤 직장, 어떤 직종, 어떤 직위에서든 통하는 힘이고 또 반드시 있어야 하는 힘입니다. 조직의 일원으로서 일할 때는 물론, 창업을 했을 때의 성공 여부 역시 이 힘에 좌우되는 것이라고 할 수 있습니다.

그러면 지금부터 내가 어떻게 돈 버는 센스를 깨닫게 되었고, 또 어떻게 그 힘을 내 것으로 만들어 키워나갔는지, 내가 배운 '돈 버는 센스 트레이닝' 과정을 구체적으로 재현해가면서 설명해나가겠습니다.

　처음에는 분하고 억울한 마음에 눈물까지 흘리던 내가 남편의 트레이닝을 받기로 결심한 그날 밤으로부터 사흘이 지났습니다. 마침 주말이었기 때문에 그날 밤에는 오랜만에 우리 부부가 둘 다 좋아하는 프랑스산 와인을 한 병 마시기로 했습니다. 사실 프랑스는 추위 때문에 와인 생산에 적합한 토양을 갖지는 못했지만 로마인들이 갖가지 시행착오를 거치면서 '마실 만한 와인' 생산에 성공하였고 그 후 이 방법을 전수받은 프랑스인들이 개량에 개량을 거듭한 끝에 지금은 프랑스 와인이 세계 와인을 대표하는 와인의 대명사가 되었다고 합니다. 결국 인간도 마찬가지란 생각이 듭니다. 당장 가지고 있는 것만을 생각하는 것이 아니라, 어떤 부분을 채우고 발전시켜야 할까, 고민에 고민을 거듭하며 방황하는 과정이야말로 사실은 다음 단계로 나아가기 위한 중요한 기회 그 자체가 아닐까 싶습니다.

　그 무렵의 나는 남편으로부터 '돈 버는 센스' 트레이닝을 받겠다고 결심을 굳히기는 했지만 사실은 비즈니스의 '비'자도 모르는 무식쟁이로, 정말로 내 안의 포도 열매를 향긋한 와인으로 변신시킬 수 있을지 불안으로 가득한 상태였습니다. 그래서 일부러 프랑스 와인을 마시면서 스스로를 응원하고 싶기도 했습니다.

"건배~!"

와인글라스를 부딪치고 나서 바로 남편은 나에게 질문을 던집니다.

"지난번에 말한 거, 복습 좀 해볼까? 돈 버는 센스를 갖추면 어떻게 된다고 했지?"

나는 바로 대답했습니다.

"비즈니스 현장에서 꽃을 피울 수 있게 돼."

"자기 자신을 꽃피울 수 있게 된다는 건 뭘 의미하지?"

"내가 지금까지 살아오면서 쌓아온 재능이나 스킬, 그 밖의 인적·물적 자원, 자금, 정보, 노하우, 아이디어, 발상 등을 재화나 서비스의 형태로 바꾸어서 세상에 제공하고 이것을 돈이라는 형태로 바꾸는 것."

"바로 그거야. 게다가 돈 버는 센스를 갖춘 사람은 그 능력의 원천이 되는 씨앗을 비즈니스 현장의 어디에 뿌리면 좋은 싹이 올라오는지를 알고 있고 그 싹을 어떻게 키워내면 꽃이 피는지도 알고 있어."

"그리고 어떻게 해야 주위 사람들에게 예쁜 꽃을 피웠다는 칭찬을 들을 수 있는지도 알고 있다. 맞지?"

금전운보다 재물운이 중요하다

"맞아. 사람들로부터 좋은 평가를 못 받으면 기회가 찾아오지 않고 기회를 못 잡으면 실적을 쌓을 수가 없어. 사소한 기회라도 놓치지 않고 꽉 잡고 나서 조그마한 실적이라도 쌓는 거야. 그러면 그 실적이 이번에는 좀 더 큰 기회를 불러오게 돼. 그 기회를 잡아서 자기 것으로 만들면 더 큰 실적을 낼 수 있게 되고, 이 과정을 반복하는 동안에 직급도 높아지고 연봉도 올라가. 이게 바로 재물운을 상승시키는 지름길이야."

"재물운? 그건 금전운이랑 다른 거야?"

"금전운이란 건 돈이 일시적으로 들어오는 운을 말해. 하지만 재물운은 그 사람의 잠재력을 키워서 돈 버는 센스를 크게 만들어주는 운이야. 길게 봤을 때 어느 쪽이 더 큰 돈을 벌게 해줄 것 같아?"

"재물운이겠지, 아마도?"

"서양이나 중국에 비해 우리나라에서는 어릴 때 경제관념에 대한 교육을 하는 경우가 적은 편이야. 그러다 보니 다들 무의식적으로 '어디서 눈먼 좀 들어오면 좋겠다'는 한탕주의적 사고를 하는 경향이 있어. 재테크 강좌가 열린다고 하면 우르르 몰리는데, 다들 금전운을 잡는 법을 배우려고 안달이지. 또 '돈 공부'라고 하면 일단 금전운을 높여주는 공부를 떠올리게 되고 말이야. 그런데 정말 돈이 많은 사람들은, 대부분 스스로 돈을 벌어들이는 사람들이야. 지금은 돈이 좀 없다고 해도 재물운을 상승시키는 공부에 집중하지."

당시에는 '나 들으라고 하는 말인가.' 싶었지만, 시간이 흐른 지금은 남편이 했던 말의 의미를 잘 알고 있습니다. 연금이든 건강보험이든, 앞으로의 가정 경제에 대해 살펴보면 온통 불안 요소가 가득합니다. 더군다나 국가적으로도 마이너스 성장에 디플레이션의 장기화에 따라 평생직장이라는 개념은 이미 사라진 지 오래인 데다가 자칫 구조조정대상이 될 수도 있는 중년의 가장들……. 1990년대 이후 불어닥친 사회의 변화는 우리 모두에게 알아서 살아남아야 하는 각자도생 시대를 불러왔습니다.

각자도생 시대에 살아남기 위해 그나마 있는 돈을 조금이라도 불려볼 생각에 주식이나 펀드와 같은 재테크에 도전하거나 가계 지출을 최대한 줄이면서 허리띠를 졸라매는 생활을 하는 사람들도 많습니다. 그렇지만 위기 극복을 위해 있는 자산을 굴리는 것은 아무래도 불안한 마음이 들고 허리띠를 졸라매는 데에도 한계가 있습니다.

남편이 하는 말의 의미는 아마도 이것이었을 겁니다. 시대를 막론하고 변하지 않는 가장 큰 자산. 그것은 바로 자기 자신이 가진 능력과 가능성이라는 것. 이 능력을 갈고닦아 지금보다 높은 수입을 올릴 수만 있다면 그것은 어떤 투자나 절약보다도 훨씬 더 좋은 결과를 낳을 것입니다. 그날 밤 남편은 나에게 스스로를 변화시키는 요술지팡이 같은 '무언가'를 찾아다닐 것이 아니라 내 안의 잠재력과 가능성에 눈뜨고 이를 계발하는 데에 주력하는 방법을 찾아보라고 조언하고 싶었던 것입니다.

경영자형 인재가 되는 법

남편은 와인 잔을 비우더니 곧 자신의 잔을 채웠습니다. 하지만 완전히 학생 기분으로 돌아간 나는 어쩐지 취하면 안 될 것 같아 잔을 천천히 비우던 중이었습니다.

"그런데 나, 당신한테 한 가지 물어볼 거 있는데."

"뭔데?"

"왜 당신은 나한테 돈 버는 센스에 대해 가르칠 수 있는 거야?"

"그러니까 당신 표현을 빌리자면 '대~단한 전문직'도 아닌 평범한 은행원인 주제에 이런 수업을 하자고 하는 게 좀 그렇단 거야?"

남편은 내가 했던 말에 여태 상처를 갖고 있던 모양이었습니다. 내 말이 좀 심하기는 했지요. 나는 진심으로 사과를 하고 싶었습니다.

"그땐 내가 심했어. 정말 미안해."

"글쎄, 미안하다는 말 한 마디로 마음이 풀릴지 모르겠네."

"……."

"일단 지금은 넘어갈게. 중요한 건 앞으로 당신이 어떻게 하느냐니까. 그러려면 먼저 당신이 경영자형 인재가 돼야 해."

"경영자형 인재? 잠깐만, 나는 경영자 같은 거 될 생각은 없는데?"

"당신, 아까 돈 버는 센스가 필요하다고 했지?"

"물론 필요하지. 하지만 경영자가 되겠다는 건 꿈도 꿔본 적 없어."

"당신에게 경영자가 되라는 말이 아니야. 경영자형 인재가 되었으면 좋겠다는 거지."

"뭐? 경영자랑 경영자형 인재는 서로 다른 거야?"

"'경영자형 인재'라는 건 '어디에 가더라도 CEO가 될 만한 사람'이라는 뜻이야. 좀 생소하지?"

"응. 처음 들어본 말 같아."

"내가 붙인 이름이니까, 그럴 수 있지. 난 항상 이 단어를 이야기할 때 가장 먼저 생각나는 사람이 있어. 바로 닛산자동차의 카를로스 곤Carlos Ghosn 회장(프랑스 자동차회사 르노의 회장 겸 CEO로 일본 닛산日産자동차 회장, 미쓰비시三菱자동차공업 회장 – 옮긴이)이야. 그 사람이야말로 전형적인 경영자형 인재거든. 만약 그 사람이 다른 자동차회사로 이직해 간다면, 그 사람한테 너는 신입사원이니까 책상부터 닦으라고 시키는 상사가 과연 있을까?"

"당연히 없겠지."

"아마 그 사람은 세계 어느 곳에 가도 바로 CEO로 일하게 될 거야. 이런 인재가 바로 경영자형 인재야."

"아…… 무슨 뜻인지 좀 알 것 같아. 그럼 경영자형 인재 말고 그냥 경영자는 어떤 사람을 말하는 거야?"

"어쩌다 보니 대를 이어서 사업을 물려받거나 회사의 관행에 따라 자기 차례가 돼서 사장직에 앉거나, 뭐 그런 사람들이지. 물론 그런 사람들 중에도 언제 어디로 가든지 바로 CEO가 될 수 있는 경영자형 인재는 존재한다고 봐. 하지만 대부분은 자기에게 주어진 자리에서만 경영자 역할을 감당할 수 있는, 그러니까 어쩌다 보니 경영자가 된 사람들이 '평범한 경영자'로서 존재하는 거지."

"평범한 경영자로서 존재한다면, 그런 사람들도 언젠가는 경영자형 인재가 될 수도 있어?"

"경영자형 인재들의 공통된 특징은, CEO로서 갖추어야 할 지식이나 기술, 시각, 견식 같은 것을 이미 갖고 있다는 점이야. 그러니까 평범한 경영자도 이런 것들을 갖추기만 한다면 경영자형 인재가 될 수 있어. 하지만 그 사람들은 좀처럼 그러려고 하지 않아서 말이지……."

그러고 보니 남편은 은행에 근무하면서 기업 살리기에 관한 심층 검토 업무를 담당하고 있었습니다. 따라서 기업이 돈을 벌어들이는 센스를 키우게 하려면 어떻게 해야 하는지를 조사하고 그 방책에 관해 경영자에게 조언을 하는 (또는 압력을 가하는?) 일도 남편의 업무 중 하나였습니다. 그와 같은 업무를 통해서 남편은 언제부터인가 한 가지 결론을 내리게 되었습니다. 그 결론이란 다음과 같습니다.

"뭐니 뭐니 해도 기업은 결국 경영자 하기 나름이다. 앞으로의 시대는 경영자가 단지 '평범한 경영자'에 지나지 않는 기업은 도태될 것이고, 경영자가 '경영자형 인재'인 기업은 분명히 살아남는 시대이다. 기업을 살리려면 먼저 경영자부터 '경영자형 인재'로 바뀌어야 한다."

그 후 남편은 본인이 담당한 기업의 경영진을 만나 경영자형 인재가 되어달라는 메시지를 전하고 있습니다. 물론 경영진들이 자존심을 다치지 않도록 매우 조심스럽게 조언을 건넵니다. 하지만 거품경제 시대의 장밋빛 희망에 취하고 성공신화 체험에 여전히 집착하는 경영진들은 남편의 이야기에 좀처럼 귀 기울이려 하지 않습니다.

"기업 경영을 해본 적도 없는 일개 은행원이 뭘 안다고!"

위와 같은 말 한마디로 일축해버리는 경우도 종종 있었다고 합니다.

남편으로서도 그에 대해 할 말이 없었던 건 아닐 겁니다.

"당신 말대로 나는 경영을 해본 경험은 없다. 하지만 지금까지 날마다 많은 기업과 경영진들을 만나보면서 잘 나가는 기업과 그렇지 못한 기업의 사례를 수없이 지켜보고 그 이유를 탐색해왔다. 따라서 당장 경영을 맡아서 할 수는 없을지라도 경영자형 인재를 육성할 정도의 능력은 있다."

단정적으로 말할 수는 없지만 남편의 생각은 아마 이런 것이 아니었을까 싶습니다.

아무튼 결국 남편은 "내 아내부터 경영자형 인재로 만들어 보자!"는 마음을 먹게 되었습니다. 자신의 트레이닝 방식에 따라 '돈 버는 센스가 거의 제로에 가까웠던 평범한 주부'조차도 남들에게 인정받을 수 있는 어엿한 사회인으로 다시 태어날 수 있게 된다면 위와 같은 남편의 생각은 옳았던 것이 되니까요. 이를 증명하기 위해서라도 남편은 나를 한번 제대로 가르쳐보겠다는 결심을 굳히게 된 것 같습니다.

내 인생의 경영자는 누구인가

"그러니까 당신이 말한 돈 버는 센스 트레이닝이라는 게 혹시 경영자형 인재로 탈바꿈하게 만들어주는 교육인 거야?"

"당신, 드디어 뭔가 깨달음이 온 것 같은데."

'드디어'라니, 나를 어떻게 보고 저런 소리를 한담. 뭐라고 좀 따져 묻고 싶었지만 일단은 참기로 합니다.

"지금 장난해? 나 같은 여자가 카를로스 곤 회장처럼 될 리가 없잖아?"

"하하하, 그렇긴 하지. 물론 나도 당장 그런 기대를 한 건 아니야. 경영자형 인재를 만드는 트레이닝이라고 해도 곤 회장 같은 슈퍼 메이저급 경영자형 인재를 육성하는 코스는 아니야. 내가 당신한테 바라는 건 언제 어디서 어떤 환경에 처하게 돼도 스스로의 힘으로 살아갈 수 있는 인생의 경영자라고나 할까."

"인생의 경영자는 또 뭐야. 애당초 빵집 아르바이트나 하던 나 같은 전업주부가 경영자형 인재가 되는 교육을 받아봤자 뭐가 달라지려나 싶은데."

"무슨 소리 하는 거야. 당신은 이미 경영자 역할을 하고 있어."

"……???"

"당신 인생의 경영자는 대체 누구야? 나야? 아니잖아. 그럼 장인어른이나 장모님? 그것도 아니지? 당신이 좋아하는 권위나 상식? 이런 거야? 말 나온 김에 확실히 하고 가자. 당신 인생의 경영자는 바로 당신이야. 당신밖에는 없어. 분명히 기억해 둬. '나는 내 인생의 경영자다'."

"나는 내 인생의 경영자……."

"'나는 내 인생의 경영자다'라는 의식을 갖고 스스로 인생을 운영해나가는 사람과, '될 대로 돼라'는 식으로 대충 살아가는 사람, 다시 말해서 자기 인생 운영을 포기한 사람과는 생활의 질이나 인생의 풍요로움에서 분명하게 차이가 나게 돼 있어.

지금까지는 그리 큰 격차가 없었을 거야. 계속 성장일변도의 경제가 이어졌기 때문에 국가나 기업에서 개인의 인생도 어느 정도 이끌어줬으니까. 그런 좋은 시절에는 국가나 기업에 대해 원하는 바를 말하기만 해도 인생이 굴러가게 돼. 하지만 이제 그런 고도성장 시대는 막을 내렸어. 그 이유가 뭔지는 지난번에 벌써 얘기했지?"

"베를린 장벽이 무너진 거랑, IT 기술의 진보로 인해 생겨난 경제 환경의 세계적인 급변."

"오오, 제대로 다 기억하다니 대단한데. 환경이 크게 달라진 결과 국가나 기업은 지금까지 맺어왔던 위탁 관계를 벗어던지기 시작했어. 그러고 싶어도 그럴 여유가 없으니까 개개인의 인생 경영 대행으로부터 손을 떼기 시작한 거야. '여러분. 이제 자기책임 시대가 도래했습니다. 자기 인생이나 자기 재산은 스스로 알아서 관리해주세요.'라는 대의명분을 늘어놓으면서 말이지. 같은 국민이라도 질이나 인생의 풍요로움에 격차가 생기기 시작했어. 이젠 각자가 꿈꾸는 이상적인 인생을 만들어나가려면 경영자의 시각이 어떤 것인지를 배우는 일이 중요해졌어. 그뿐만이 아니야. 요즘에는 직원들에게 경영자의 시각을 요구하는 기업들도 많아지고 있어."

"직원들한테 경영자가 되라는 거야?"

"아니지. 뭐, 간혹 '주인처럼 일하라' 그런 소리를 하면서 종업원들 군기를 잡으려는 경영자도 없지는 않겠지만 말이야. 그 말의 의미는 이제 직원들도 경영자의 시각을 갖지 않으면 각자 맡은 일을 달성하기가 쉽지 않다는 뜻일 거야."

"환경이 변화하고 경쟁이 심해졌기 때문에?"

남편은 기업에 있어 가장 큰 환경의 변화는 '소비자 주도 시대의 도래'와 '돈 벌기 전쟁(좋게 포장해서 말하면 비즈니스)'이 벌어지는 현장이 이제 국내에서 세계로 확대되어 전 세계 리그가 펼쳐지고 있다는 사실이라 했습니다. 비즈니스 세계에서는 전 세계 기업들의 대경쟁이 시작됐고, 비단 그것은 대기업에만 해당되는 이야기가 아니라는 점이 또 치명적이라는 것이죠. 사실, 인터넷이 보급된 후로 마음만 먹으면 중국의 작은 구슬가게에서도 상품을 살 수 있으니까요. 소비자 입장에선 품질이나 서비스만 좋으면 어느 나라 상품이든 상관이 없을 겁니다. 원하는 제품이 있으면 구입하고, 아니면 마는 것이 소비자의 속성일 테니까요.

"이건 소규모 동네 가게라고 해도 이른바 '글로벌 비즈니스의 K1 무대'에 올라서게 돼버렸다는 것을 의미해. 이렇게 극심한 경쟁 시대에 살아남기 위해서는 단순하게 수익성만 따지는 것보다는 우리 회사 제품의 특징을 돋보이게 하고, 독창성을 살리는 개발, 기획 능력이 필수적이야."

"'여성의 시각이나 감성이 필요하다'는 것도 그래서 그런 거야?"

"그렇지."

"하지만 여성의 시각이나 감성이 독창성 있는 개발에 정말 도움이 될까?"

"**독창성을 살리는 개발 및 기획 능력을 가능하게 하려면 경영자 감각이 반드시 필요해.** '나는 그저 위에서 시키는 일이나 열심히 할 뿐'이라거나 '당장 눈앞에 있는 문제만 해결하겠다'고 하는 사람들의 눈으로는 새로운 가치를 창출해낼 수 없어. 여자들은 날마다 생활 속에서 경영자 감각을 갈고닦고 있기 때문에 분명히 남자들보다 더 새로운 상품을 만들어낼 힘이 있을 거야. 단지 그 힘이 잠재적이라서 보이지 않을 뿐이지. 그걸 비즈니스 현장에서 꽃피우지 않는다면 아무 의미가 없어."

'여자들이 날마다 생활 속에서 경영자 감각을 갈고닦고 있다? 어떻게? 언제? 아니, 경영자 감각을 갈고닦을 필요성이 있다는 것조차 처음 들은 말인데 도대체 남편은 무슨 소리를 하는 거지? 와인을 너무 마신 거 아니야?'

'경영'이란 무엇인가. 이 질문에 제대로 대답조차 못 하는 내가 그날 밤에 남편이 하는 말을 못 알아들었던 것도 당연합니다. 하지만 어쩐지 자꾸만 질문할 게 떠오릅니다. 에라, 모르겠다, 일단 물어나 보자!

"있잖아, 여자들이 날마다 생활 속에서 경영자 감각을 갈고 닦고 있다는 게 무슨 뜻이야? 그리고 '경영'이란 대체 뭐야?"

돈은 '부가가치'가 있는 곳에 따라온다

"언제 물어보나 했네. 당신이 그 질문을 하길 기다렸거든. 돈 버는 센스를 갖추려면 먼저 '경영이란 무엇인가'에 대해 알아야만 해. 그런데 '경영'이란 단어의 정의도 시대와 함께 달라져 왔어. 제2차 세계대전 직후, 고도성장기 시대, 거품경제 시기, 각 시대별로 경영에 대한 정의가 조금씩 다르거든. 왜 시대별로 정의가 달라지는 건지는 당신도 알지?"

"으음……, 시대별로 우리나라를 둘러싼 경제 환경이 달라져서 그런가?"

"맞아. 1990년대 전반만 해도 경영이라는 단어에는 (경영) 관리라는 뉘앙스가 강했어. 하지만 90년대 후반에 들어서면서 성장이 둔화되고 디플레이션 현상이 생기면서 소비자가 중심이 되는 분위기가 만들어지자 경영은 이제 관리하는 것만으로는 부족하게 됐어. 경영 관리만 해서는 이 극심한 경쟁 체제에서 이길 수가 없게 돼버린 거야."

"이기기 위해서 경영도 진화한 거네?"

"오호, 당신 입에서 비즈니스 전문잡지에서나 보는 표현이 나올 줄은 몰랐는데. 어쨌든 당신 말이 옳아."

"그래서 어떻게 진화했는데? 최신의 경영 트렌드는 도대체 뭐야?"

"단순하게 말하자면 '기업의 인적·물적 자원, 자금, 정보, 그리고 노하우, 경험, 발상, 감성 같은 다양한 경영 자원을 이용해서 목표 대상(고객)이 부가가치를 느낄 수 있도록 해주는 상품과 서비스를 창출하여 제공함으로써 수익을 내는 일련의 과정'이 경영이라고 할 수 있어. 여기서 제일 중요한 포인트는 바로 부가가치겠지."

부가가치? 어쩐지 요즘 여기저기서 많이 들어본 말인 것 같습니다.

"부가가치에 대해서는 차별화라는 표현을 쓰는 사람도 있는가 하면 독창성이라고 표현하는 사람도 있어."

"기업에서 부가가치가 그렇게 중요한 거야?"

"기업만 그런 게 아니지. 재물운이나 금전운을 향상시키고 싶다거나, 아무튼 돈 버는 일에 관심이 큰 사람들에게도 아주 중요해."

"어째서?"

"돈이란 녀석은 부가가치를 아주 좋아하거든. 말하자면 연애랑 비슷하다고나 할까."

"연애랑 비슷해?"

"가까이 가면 갈수록 멀리 도망가버린다는 뜻이야."

"음…… 좀 그런 면도 있지. 돈도 그런 줄은 몰랐네."

"돈은 쫓을수록 도망가는 성질이 있어. 당신이 어떤 남자를 보고 반했다 치자. 그 남자가 밀당의 고수여서, 다가갈수록 도망가는 스타일이라면. 당신은 그 남자를 사로잡기 위해 어떻게 할 것 같아?"

"글쎄……. 일단 쫓아다니면 안 될 거고…… 그 남자가 관심 있는 분야를 공략해서 눈길을 끌어본다?"

"어떤 식으로?"

"맛있는 요리를 만든다거나 섹시한 옷을 입고 나타난다거나 애교를 부려서 귀여운 인상을 준다거나, 남자를 유혹하는 데 효과적인 향수를 뿌려 본다거나?"

"무서운 여자들이네. 하지만 남자들은 분명히 그런 여자들에게 약하니까 결국 눈길을 주게 될 거야. 그러고는 홀딱 넘어가는 거지."

"홀딱이라니, 좀 더 고상한 표현 없어?"

"하하하, 미안, 미안. 아무튼 돈도 마찬가지야."

"어떻게?"

"돈은 내가 먼저 바짝 다가가면 도망가지만, 돈이 좋아하는 부가가치를 만들어서 제공해주면 돈이 먼저 나에게 다가오게 돼 있지. 결국 돈을 벌고 싶으면 돈을 쫓아갈 것이 아니라 부가가치를 창출해야 한단 소리야. 만약 주식 투자로 한몫 챙기고 싶다면 이 세상에 부가가치를 잘 제공하고 있는 기업을 찾아내는 데 주력하는 게 제대로 된 방법이라고 할 수 있어."

"듣고 보니 그럴싸하네. 그렇다면 그 부가가치라는 게 정확히 뭐야?"

"부가가치란 말이지, 간단히 말하자면 '있으면 좋고 기쁘고 편리하고 불안이나 불만을 해소시켜 준다는 느낌을 목표 대상인 고객에게 줄 수 있는 가치'를 말해. 좀 더 알기 쉬운 예를 들어보자면……."

그때 집 안을 둘러보던 남편의 시선이 부엌 한 구석에 있는 어느 물건에 고정됩니다.

"음. 씻어 나온 쌀. 저게 좋은 예가 되겠네."

"안 씻고 바로 밥을 지어도 되는, 무세미 말이지?"

"응. '안 씻고 바로 밥을 지어도 된다.' 이게 바로 씻어 나온 쌀의 부가가치야. 당신은 이 부가가치에 대해 어떻게 생각해?"

"장단점은 있겠지만, 난 일단 편리해서 좋아."

"안 씻어도 되니까?"

"아무래도 가사나 육아 때문에 시간에 쫓기는 주부 입장에서는 아주 고맙지. 요리에 자신 없는 사람한테도 그럴 거고. 쌀뜨물이 수질 오염의 원인이라고도 하잖아. 씻어 나온 쌀이라면 쌀뜨물을 아예 만들지 않을 테니까 환경 문제에 관심이 많은 사람들이 주요 고객이라는 말도 들은 것 같아."

"당신도 매번 저걸로 밥 지어?"

"반반 정도?"

"일반 쌀보다 가격이 20~30퍼센트 정도 비쌌던 것 같은데, 그래도 사고 싶은 마음이 들어? 주부들은 그런 가격 차이에 민감하지 않나?"

"그렇기는 한데 시간이 돈이라는 말도 있잖아. 일단 편하니까 20~30퍼센트 정도 비싼 건 용서가 되는 거 아닐까?"

"씻어 나온 쌀은 일반 쌀보다 가격이 20~30퍼센트 정도 높다. 그런데도 소비자들은 구입한다. 이때 소비자 추가로 지불하게 되는 금액은 '쌀을 씻지 않고서도 밥을 지을 수 있다'는 씻어 나온 쌀의 부가가치에 대한 거라고도 할 수 있겠지. 다시 말해 돈이란 부가가치가 있는 곳에 따라오게 돼 있는 거야."

"어머, 진짜 그러네?"

"'돈벌이'라는 말을 들으면 뭔가 힘들고 고생을 해야 돈이 수중에 들어온다는 이미지가 있잖아. 하지만 그런 인식은 잘못된 거야. 돈은 부가가치가 있는 곳에 따라오는 거거든."

부가가치란 '있으면 좋고 기쁘고 편리하고 불안이나 불만을 해소시켜 준다는 느낌을 목표 대상인 고객에게 줄 수 있는 가치'라고 했습니다. 그리고 경영이란 인적·물적 자원, 자금, 정보, 기술 같은 경영 자원을 이용해서 높은 부가가치를 만들어내는 시스템을 구축하고 나아가 그 시스템을 계속 유지하고 관리하면서 가동해서 이익을 창출해내는 것이고요. 남편의 말을 듣고 보니 부가가치가 무엇인지, 왜 돈을 끌어당기는 것인지 이해가 좀 되는 듯했습니다. 평소에 아무 생각 없이 '편리하다'고만 생각했던 씻어 나온 쌀에 그런 부가가치가 담겨 있다는 사실에 대해 알고 나니 참 신기했습니다. 그러고 보니 인기가 있는 많은 상품들 속에 이런 부가가치가 담겨 있다는 생각도 들었습니다. 남편은 이어 나에게 한 가지 질문을 해왔습니다.

"여기서 문제 하나 내볼까. 착실하게 이익을 내고 있는 기업은 이 세상에 기여하고 있다고 할 수 있을까?"

돈을 번다는 것은 세상에 도움을 주는 일

"기여하고 있다!"

"오케이! 정답이야! 매출이 오르고 이익이 증가한다는 건 '그 기업의 상품이나 서비스를 비용을 지불하고라도 갖고 싶다!'는 사람들이 증가했다는 말이니까. 지금처럼 상품이나 서비스가 넘쳐나는 시대에 '돈을 내고서라도 구입하고 싶다!'는 생각을 소비자에게 심어주기 위해서는 반드시 부가가치를 제공해야만 해. 그리고 매출이 증가하지 않으면 이익도 오르지 않아. 아무리 비용을 절감한다 해도 한계가 있으니까. 즉, 이익이 증가하고 있는 상태라는 건 이 세상이나 소비자에 대해 그 기업이 어떤 기여를 하고 있다는 걸 의미해. 반대로 이익이 늘지 않는 기업의 경우에는 이 세상이나 소비자에게 이렇다 할 가치를 제공하지 못하고 있다는 걸 의미하고.

마이크로소프트나 세븐일레븐처럼 큰 부가가치를 제공하는 기업은 이익도 큰 규모로 얻고 있잖아? 빌 게이츠는 마이크로소프트라는 시스템을 만들어서 이 세상에 부가가치를 제공한 거야. 그 덕분에 그는 대부호가 된 거고. 그가 대부호가 된 것은 단지 기업을 일으켰기 때문만은 아니야. 기업을 만들고 상품이나 서비스를 통해서 크나큰 부가가치를 제공할 수 있었기 때문에 그에게 돈이 쏟아진 거지."

"돈을 많이 벌었다면 그만큼 세상이나 사람들을 위해 기여했다는 거네."

"어떤 사업이나 직업이라 해도 매출이 신장되고 있고 이익이 계속 나온다는 건 어떤 형태로든 간에 누군가에게 기여하고 있다는 거야. 그러니까 자부심을 좀 가져도 돼. 반대로 아무리 고상한 사업이나 직업이라 해도 매출이 오르지 않고 이익이 안 나온다면 그건 세상에 도움을 못 주는 상태라는 거니까 당연히 부끄러워할 일이지."

남편의 말에 대해 골똘히 생각하면서, 내가 갖고 있었던 직업관이 점점 바뀌어가는 걸 느낍니다.

"여기서 직업에 귀천은 없다는 것도 생각해줬으면 좋겠어. 중요한 것은 이 세상 누군가에게 도움을 주는 일이냐 아니냐 하는 거야. 그리고 수입을 올리고 싶고 좀 더 돈을 벌고 싶다고 생각한다면 먼저 자기가 목표 대상에 대해서, 가령 회사원이라면 상사, 회사, 나아가 사회에 대해서, 프리랜서로 일하는 사람이라면 사회에 대해서 부가가치를 제공하고 있는지 한번 진지하게 생각해볼 필요가 있어. 수입이 줄어든다는 건 바로 부가가치를 그 목표 대상에게 제공할 수 없는 상태를 의미하는 거야."

"당신이 하고 싶은 말이 뭔지 이제 조금은 알 것 같아. 내가 갖고 있는 인적·물적 자원, 자금, 정보, 그리고 노하우나 경험, 발상, 여성 특유의 감성 같은 여러 가지 경영 자원을 이용해서 목표 대상에게 부가가치를 제공할 수 있게 된다면 수입은 저절로 높아질 거라는 거네. 돈 버는 센스를 심어주는 교육이 경영자형 인재가 되기 위한 트레이닝과 왜 같은 건지도 이제 좀 알 것 같아."

"응. 당신 말이 맞아. 먼저 자기 자신을 꽃피우는 게 돈 버는 센스를 높이는 거라고 말했지. 자기 자신을 이 사회에서 꽃피운다는 건 잠재되어 있는 다양한 경영 자원을 이용해서 이 세상과 사람들을 위해 부가가치를 제공해간다는 거랑 같은 거야. 그런데 부가가치를 좋아하는 건 돈만 그런 게 아니야. 기회도 마찬가지야."

대운을 불러오고 악운도 행운으로 바꾸는 사람들

남편의 수업이 계속될수록, 처음 가졌던 반발감은 씻은 듯이 사라지고 남편의 말에 점점 빠져들었습니다. 남편의 제안이 아니었다면 이런 얘기들을 들을 기회조차 가져보지 못했을 수도 있겠다 싶었습니다. 보통 여자들은 결혼을 하고 육아를 시작하며 경력이 단절되고, 다시 일을 시작하려 할 땐 무척 위축되기 마련입니다. 나 역시 그랬습니다. 아이를 낳은 것은 아니지만, 결혼과 동시에 회사에 사표를 던지고 집에 눌러앉다 보니 어느새 경단녀에 세상에 무쓸모인 인간이 되어가는 것 같았거든요. 이 상황을 극복하는 건 혼자 힘으론 참 힘들었습니다. 갖은 노력을 했지만 계속 제자리걸음만 하게 되었고요.

처음엔 남편의 말에 조금 더 움츠러들기도 했지만, 이젠 오히려 적극적인 학생이 되었습니다. 맨 앞줄에 앉아 손을 들고 질문하고, 중요한 건 메모도 딱딱 해두는 그런 학생 말입니다. 그리고 이 수업이 끝날 때쯤 나도 부가가치를 낼 수 있는, 돈을 버는 센스를 갖춘 사람이 되어 있으면 좋겠다는 희망도 가지게 되었습니다.

"기회에도 강하고 재운도 따라오는 경영자형 인재가 되어라. 당신의 말을 요약하면 이런 거지?"

"그렇지 못하면 어디에 가더라도 'CEO' 자리에는 못 올라. 사람들은 경영자형 인재에 대해 운을 타고난 사람들이라고 하지만 그건 맞는 표현이 아니야."

"그럼 뭐라고 표현해야 하는데?"

"'대운은 불러들이고 악운은 물리치는 법을 아는 사람들'이라고 해야지. 실제로 그게 사실이기도 하고. 내가 회사에서 수많은 경영자형 인재들과 접하면서 깨닫게 된 사실이 있는데 말이야. 그 사람들은 어떻게 하면 자기 자신과 회사의 경영 자원을 가장 효율적으로 이용해서 부가가치를 제공할 수 있을지 연구하는 건 물론이고 자기 자신과 회사의 경영 자원을 쌓는 데에도 여념이 없더라고."

"경영 자원을 쌓아……?"

"어떤 자원도 계속 소비만 하면 언젠가는 고갈되지 않겠어? 그러니까 자원의 양을 늘려야지. 자원이라고 하니까 좀 막연하게 느껴지는 모양인데 그럼 논밭이라고 생각해보자. 농작물이 잘 자라려면 먼저 비옥한 토양이 있어야 하겠지? 그렇지만 계속 반복해서 그 땅에서 농사를 짓다 보면 땅속의 영양분이 점점 사라져버려. 농작물이 땅속의 영양분을 흡수해버렸기 때문에. 그렇게 영양분이 고갈된 땅에서 재배한 작물이 과연 맛이 있을까?"

"당연히 아니겠지."

"물론 메마른 땅에서도 잘 자라는 농작물이 있을 수 있지만 대부분의 농작물은 비옥한 땅에서 더 잘 자라잖아. 그러니까 농부는 먼저 토양을 비옥하게 만들어야 해. 당신 혹시, 비료 만드는 방법 알아?"

"엄마 아빠가 텃밭 가꿀 때 봐서 알아. 아빠는 농약이나 화학 비료는 싫어서 음식물 쓰레기나 낙엽 모은 거, 집에서 키우는 비둘기 배설물 같은 걸로 비료를 직접 만들어서 뿌리던데."

"맞아. 하여간 장인어른 참 대단하셔. 비둘기한테도 천연 비료로 기른 유기농 채소랑 곡물 사료만 먹인다고 하셨던 것 같네. 아마 비둘기 사료용 밭도 따로 있었지?"

"비료를 만드는 기계가 있어. 부엌에서 나온 음식물 쓰레기를 그 기계에 넣어서 만드는데 그 기계 뚜껑을 열면 진짜 냄새가 지독해. 글쎄, 아빠는 사고로 죽은 비둘기 시체까지 거기에 넣었다니까. 할머니가 그때 그거 보고 기절초풍하셨어."

"맞아, 맞아. 그러니까 장인어른이 키우신 채소는 전문 농업인들도 감탄할 정도로 맛있잖아. 비료 냄새 정도에 절대 기죽을 양반이 아니라고."

"아빠도 냄새가 심해서 힘들긴 하신가 봐. 엄마도 그만두라고 말리는 편이고. 하지만 아빠는 항상 '이게 잘 숙성되면 최고의 비료가 된다. 좋은 비료가 비옥한 땅을 만들고 비옥한 땅에서 맛있는 채소가 자라는 법이다. 가족들에게 맛있는 채소를 먹이겠다는 일념 하에 이렇게 아빠가 코를 부여잡고 오늘도 비료를 만드는 거다' 이 말씀만 반복하시지."

그러고 보니 우리 아버지는 평범한 월급쟁이긴 해도 원래 농가 출신이어서 그런지 나름대로의 농사 철학을 갖고 있는 듯합니다.

"혹시 기억해? 내가 했던 말. '자기 안에 있는 여러 경영 자원을 이용해서 이 세상과 세상 사람들을 위해 부가가치를 제공할 수 있는 사람들이 돈이나 기회를 잡을 가능성도 높아지고 결과적으로 돈 버는 센스도 좋아진다.'"

"물론 기억하지. 자기 내부의 여러 경영 자원을 이용해서 이 세상과 세상 사람들을 위해서 부가가치를 제공하는 것, 그게 바로 자기 자신의 능력을 꽃피우고 열매 맺게 해주는 거라고. 그러니까 '돈 버는 센스를 향상시키고 싶다는 건 사회에서 자신의 능력을 꽃피워서 인정받는 것이다' 이런 얘기였지?"

"그 꽃이나 열매도 결국 비옥한 땅이 있어야만 존재할 수 있는 거야."

"⋯⋯그렇구나. 그리고 악운은 음식물 쓰레기나 낙엽, 그리고 비둘기 배설물 같은 거라고 말할 거지?"

"경영자형 인재, 즉 기회나 돈이 따라오는 사람들은 말이지, 장인어른의 농사 철학을 인생에서 직접 실천하고 있는 사람들이야."

"그 사람들은 스스로 악운을 숙성시켜서 비료로 만든다

고……?"

"그렇지! 그러니까 경영자형 인재들은 어찌 보면 욕심이 대단한 거야. 악운까지도 놓치지 않고 좋은 비료로 만들려고 하다니 말이야. 그 사람들은 번드레한 말 따위는 하지 않아. 악운을 담담히 받아들이겠다는 식의 교과서적인 발언도 하지 않고. 굳이 말하자면 '넘어진다 해도 그냥은 일어나지 않겠다'는 오기가 있는 사람들이라고나 할까. 악운을 좋아하는 사람은 단 한 사람도 없을 거야. 악취가 풍기면 다들 코를 틀어막게 돼. 하지만 그런 심한 악취를 풍기는 물질이야말로 최고의 비료가 된다는 사실을 경영자형 인재들은 잘 알고 있는 거야. 그러니까 대다수의 사람들이 버리는 것들마저도 끈질기게 물고 늘어져서 자신을 키우는 비료로 만드는 거야."

"그리고 그 비료로 자신을 크게 키우고 꽃피우면서 꿀벌, 즉 대운을 불러들이는 거네. 좋은 경험이든 나쁜 경험이든 그게 다 자신을 키워주는 양분이라니, 경영자형 인재들은 하루하루가 보람차고 즐겁겠는데?"

"그렇겠지. 모든 게 다 자기 자신을 성장시키고 능력을 꽃피우는 데 '이용할 수 있는 자원'일 테니까."

자기 자신의 성장을 즐겨라

"어쩐지 자기중심적인 것 같기도 하고."

"자기중심적이라기보다는 자기 자신을 사랑하는 거지. 그러면서 자기 자신의 성장을 즐기는 거야. 그렇게 키운 자신의 능력을 살려 이 사회에 어떤 가치든지 제공할 수 있다는 점에서 기쁨을 느끼고 그때 비로소 자신의 존재 의의를 실감하거든. 그 사람들이 돈을 아주 좋아하는 것도 그것 때문이야. 자기가 제공한 가치가 이 세상과 세상 사람들을 위해 도움이 됐는지 안 됐는지를 알려주는 척도가 바로 돈이니까."

"욕심이 많은 데다가 자기 자신을 사랑하는 사람들이라니…… 책에서 본 것들과는 좀 다르네."

"책엔 그들이 직접 쓰거나 말한 것만 쓰여 있으니까. 성공하고 나면 누구든 자신을 좋게 포장하고 싶어지니까. 나야 성공을 했다기보단 성공을 한 사람과 아닌 사람들을 가까이에서 관찰하는 입장이니 좀 다르지."

"훨씬 객관적이다?"

"적어도 성공을 거둔 당사자보다는 객관적일 수 있겠지. 무엇보다 나는 성공한 사람들을 그들보다 훨씬 많이 봐왔고. 왜 그런 말도 있잖아, '누구나 자기 자신을 제일 모르는 법'이라는 말. 아마 그 사람들에게 성공 비결을 물어봐도 확신에 차서 말해주는 사람은 별로 없을걸.”

나는 항상 “강해지고 싶다, 자신감을 갖고 싶다.”는 말을 하기는 했지만 나 자신을 사랑하거나 욕심을 부려서 뭔가를 내 것으로 만들려고 하는 스타일은 아니었던 것 같습니다. 그러니까 조금이라도 뭔가 내 생각대로 안 되거나 어려운 일을 만나게 되면 좌절해버리기 일쑤였습니다. 예를 들어 어떤 장벽에 부딪혔을 때, 새로운 도전을 해봤자 실패하고 상처만 입게 될까 봐 두려운 마음에 ‘이것도 안 되겠고, 저것도 안 되겠네.’ 하고 시뮬레이션만 해보다가 결국 아무런 행동도 못 한 채 살아온 것입니다.

“실패하면 망신스럽다는 이유로 당신은 성공할 가능성이 낮은 일은 굳이 하려고 들지 않아. 항상 ‘잘 될 확률이 높은 것 같은데 그럼 이번에는 도전해볼까’ 하는 생각을 기본으로 깔고 움직이지. 당신 말대로 실패하는 건 두려운 일이야. 실패하면 스스로가 한심하다 여기며 좌절도 할 테고.

하지만 우리가 실패로부터 뭔가를 배우려고 한다면 실패는 비료가 되기도 하고 훌륭한 자산이 되기도 해. 그리고 세상에는 우리가 도전을 하거나 행동에 옮기지 않는 한 영영 손에 쥘 수 없는 것들도 있는 법이야. 돈만 지불하면 뭐든 손에 넣을 수 있는 세상이 왔다고 하는 사람들도 있지만 내 생각은 달라. '돈으로도 손에 잡히지 않는 보물'은 아직 많이 남아 있어. 이런 보물을 많이 가진 사람들이 좀 더 풍요로운 인생을 사는 거고. 그렇다면 직업을 갖고 일을 할 때 그런 보물을 손에 넣을 수 있는 기회를 더 많이 접할 수 있게 되는 거 아닐까?"

"실패는 많이 할수록 좋다는 거야?"

"아니. 가능하면 실패는 안 하는 게 좋겠지. 내가 하고 싶은 말은 '상처를 입지 않고 쉽게 이익을 얻는 방법을 궁리하다가 포기하는 사람'이 아니라 일단은 '행동으로 옮겨보는 사람'이 되는 게 좋지 않겠느냐, 이거야. 그 과정도, 고민도, 결과도, 설령 그 결과가 어떤 것이든지 욕심껏 모두 다 자신의 발전을 위한 비료로 만들어버리는 근성와 강인함을 갖추는 게 바로 돈 버는 센스를 높이는 첫걸음일 테니까."

"거기에 하나 더. 자기 자신을 사랑하는 것! 이제 좀 알겠어. 나도 비즈니스 현장에서 열심히 밭을 일구고 내 능력을 한번 키워서 열매를 맺어봐야겠어. 그래서 많은 사람들에게 인정을 받게 되려면, 생각만 하고 있을 게 아니라 뭐든지 행동으로 옮겨야 한다는 사실을 명심해야겠지?"

"직장 상사뿐 아니라, 회사를 넘어서 이 사회의 많은 사람들을 기쁘게 해주는 부가가치를 제공할 수 있을 정도가 되면······"

"그러면?"

"창업을 할 수 있을지도 모르지."

"창업? 내가?"

그 후 몇 년이 지나서 내가 진짜로 창업을 하게 될 줄이야, 그때는 정말 꿈조차 꾸지 못했습니다.

"오늘 수업은 여기까지 하자. 나머지는 다음 주에 계속 하자고."

이미 와인은 한 병 다 비워진 상태였습니다. '나도 이제 더 이상 고민만 하던 예전의 내가 아니야.' 나는 그렇게 마음을 굳게 먹으면서 프랑스 와인을 보면서 건배를 외쳤습니다.

Part 3

'돈 버는 센스'는
곧 '돈 버는 시각'이다

아무리 경력을 쌓고 테크닉을 연마해도

그것이 인생을 바꾸어주는 것은 아니라고

남편은 내게 말합니다.

인생을 바꾸기 위해서는

가치관, 성격, 행동, 습관을 바꾸어야만 합니다.

그리고 그 출발점은 세상을 바라보는 눈,

다시 말해 '시각'을 바꾸는 것이라고요.

시각·분석력·전달력·철학

언젠가 주말에 시간을 좀 내어 요코하마横浜에 사는 지인의 집에 부부동반으로 갔다가 돌아오는 길이었습니다. 그 집에서 남편이 맥주를 한 잔 마셨기 때문에 돌아오는 길에 운전은 내 몫이었습니다. 저녁노을에 물든 베이 브릿지(1989년에 개통된 길이 860미터의 다리로 도쿄항과 요코하마항을 연결하는 항만 물류를 담당하고 교통 정체를 완화하는 역할을 함 – 옮긴이)의 풍경이 눈앞에 펼쳐지고 자동차 엔진 소리와 울림이 리듬감 있게 전달되는 가운데 아름다운 경치는 마치 물 흐르듯이 가까워졌다가 다시 멀어져 갔습니다.

"아주 로맨틱한 분위기네."

모처럼 이렇게 말을 건넸건만 남편에게서는 엉뚱한 답변이 돌아왔습니다.

"그럼 모처럼 오붓한 시간이 생겼으니까 CEO인재 트레이 닝이나 해볼까."

아니, 하필이면 이렇게 낭만적인 풍경을 즐기는 순간에 꼭 그래야겠냐고요. 언젠가는 반드시 낭만적인 인재라는 주제를 놓고 남편을 교육시켜야 할 것만 같습니다.

"지난번에 말이야, 경영자형 인재로 다시 태어나기 위한 트 레이닝은 평소에 꿈꿔 왔던 인생을 만들어가기 위해서도 필요 한 일이고 그게 바로 돈 버는 센스를 높이는 길이라는 이야기 까지 했었지?"

"응, 거기까지 했어."

"그런데 이 경영자형 인재 만들기 트레이닝은 학교 공부와 는 달라서 영어, 국어, 수학처럼 과목이 나뉘어 있는 것도 아니 고 무엇보다 교과서가 있는 것도 아니야."

"그래. 있었다면 벌써 나한테 줬겠지. 근데, 그럼 좀 막연하 지 않아?"

"하지만 나름의 분류는 이렇게 해볼 수 있어. '(경영자형 인재 로서 바라보는) 시각' '(경영자형 인재에 어울리는) 경제적 분석력' '(경 영자형 인재다운) 경제적 전달력' 그리고 '일에 대한 자신만의 철학'."

"시각, 분석력, 전달력, 철학, 네 가지네?"

"응. 그중에서 가장 중요한 것은 '시각'이야. 이게 없으면 경영자형 인재는 절대 못 돼. 제일 기본이거든. 그리고 '일에 대한 자신만의 철학'이란 건 시각이나 분석력, 전달력이 몸에 익어서 실천해나가는 동안 저절로 생겨나는 거라서 교육으로 만들 수 있는 건 아니야. 이 교육이 어느 정도 끝나갈 때쯤 당신은 과연 어떤 철학을 갖게 될까?"

"나는 철학 같은 건 머리 아파서 생각하기 싫어. 하지만 뭐 그건 아직 급한 건 아닌 것 같으니 다행이네. 조금 전에 제일 중요한 게 '시각'이라고 했지? 왠지 그건 나도 금방 익힐 수 있을 것 같은데."

"그리 만만하게 볼 일이 아니야. 시각이라는 건 말이지, 그 사람이 태어나서 지금까지 살아오는 동안, 이십 년, 삼십 년, 사십 년 걸려 평생 동안 쌓인 거라서 그렇게 쉽게 바뀌거나 금방 생겨나는 게 아니거든. 관점을 바꾼다거나 새로운 시각이 생기려면 어떤 요령을 스스로 터득한 뒤 그 요령에 따라 의식적으로 노력해야만 해. 그런데도 사람들은 이 시각이란 게 얼마나 중요한 건지 잘 모르는 경우가 많아. 어쩌다가 그 중요성을 아는 사람들도 어떻게 이용해야 하는지를 모르기도 하고.

그러니까 경영자형 인재로서 세상을 보는 눈을 갖고 있다는 건 돈 버는 센스를 키워가는 데 있어서 어마어마하게 유리해진다는 의미야.”

“그렇구나. 그럼 그 ‘경영자형 인재의 눈’은 어떻게 해야 가질 수 있는지 빨리 알려줘.”

“내가 수업해준다고 할 때 따분한 표정을 짓던 자기는 어디 간 거야?”

“얼른!”

“알았어, 알았어. 그런데 이건 그리 금방 되는 건 아니야. ‘시각’은 이 교육의 가장 중요한 기초 단계라서 설명하려면 시간이 좀 걸려. 그건 나중에 시간을 좀 들여서 천천히 설명해줄 테니까 먼저 나머지 조건 중에서 ‘분석력’과 ‘전달력’에 대해서 말해볼게. 그러면 경영자형 인재로 다시 태어나기 위해서 받아야 할 트레이닝의 전체적인 구도가 그려질 거야.”

“알았어. 그럼 시각에 대해서는 나중에 듣기로 하고. 지금 전체적인 구도 이야기를 했는데 내가 한번 말해볼게, 들어봐. 이 교육의 가장 큰 목표는 ‘경영자형 인재로서 갖추어야 할 시각에 따라 분석하고 분석한 결과를 경영자형 인재의 관점에서 누군가에게 전달하는 것’이라고 생각하면 되는 거야?”

“바로 그거야. 내가 하려던 말을 당신이 먼저 해버렸네.”

"어머, 그랬어? 전체적인 구도를 먼저 파악한 후에 분석력이나 전달력을 키워야 한다는 것 같은데 그런 힘은 어디에 필요해?"

"비즈니스의 세계에서 분석력과 전달력은 불가분의 관계야. 비즈니스를 하다 보면 늘 무엇인가에 대해 누군가를 설득해야 하거든. 상사라든가 고객이나 클라이언트 등등. 상대방을 설득하려면 사태를 제대로 분석한 결과를 그 사람에게 전달해서 납득시켜야 해. 아무리 훌륭한 분석을 했다 한들 그게 상대방에게 전달되지 않는다면 무의미한 일이 돼버리고 반대로 전달력이 아무리 뛰어나더라도 내용이 부실하면 아무 효과가 없어. 분석력과 전달력 둘 다 나쁜 경우는 말할 것도 없고. 그런데 이 분석력이나 전달력이라는 건 학교 교육 과정에서는 배울 수 있는 기회가 극히 드물뿐더러 혼자 책을 많이 읽었다고 해서 생겨나는 것도 아니야. 기초를 먼저 충실하게 다진 후에 실제 비즈니스 세계에서 경험을 통해 각자 갈고닦는 방법뿐이야."

"그렇구나. 실천밖에는 방법이 없다는 거네. 그런데 분석력이나 전달력의 기초를 충실하게 다지려면 어떻게 해야 해?"

"우선은 주요 일간지를 꾸준히 읽을 것. 그중에서도 경제신문. 그리고 주식회사의 조직, 특히 결산서를 읽는 법을 알아둘 것. 이렇게 하면 분석력과 전달력의 기초가 쌓이게 돼."

"아침마다 포털에 뜨는 기사들은 나도 매일 읽고 있어. 주식회사 결산서도 어느 정도 볼 줄은 알고."

"내가 보기에 당신, 아니 당신을 포함한 대부분의 사람들은 신문이나 결산서를 그냥 눈으로 보는 수준일 뿐이야. 기사의 활자라든가 결산서의 숫자를 그냥 바라보는 수준. 신문을 읽을 때 중요한 것은 기사의 확장성이나 연결성을 의식하면서 상상력을 발휘하여 자기 나름대로의 가설을 세운다거나 의견을 가져보는 태도야. 그저 나와 있는 신문기사 내용을 '아아, 그렇구나…….' '오, 누가 어떻게 됐네?' '이런 일이 있네?' 하고 고개를 끄덕이면서 읽어보는 정도만으로는 신문기사가 전하는 정보를 다 활용한다고 말할 수 없어.

예를 들어, 세계 어디에선가 일어난 어떤 사건이 우리나라, 우리 회사, 그리고 자신의 생활에 어떤 영향을 줄 것인가. 그걸 각자 나름대로 상상해서 어떤 식으로든 결론을 내리거나 의견을 가져보는 거지. 그게 바로 분석력이 되는 거고 그걸 다른 사람이 이해할 수 있도록 알려주는 게 전달력의 기초가 되는 거야."

"그건 인정하겠는데 경제신문은 왜 특별히 도움이 되는 거야?"

"경제라고 하는 필터를 통해서 모든 기사를 만들기 때문이야. 정치, 기업, 해외토픽, 이 모든 사건을 경제라는 하나의 필터를 통해 바라보면서 기사를 쓰기 때문에 그 점을 의식하면서 기사를 읽으면 기사의 확장성이나 연결성이 자기 나름대로 알기 쉽게 정리되지. 경제신문의 장점은 경제에 관한 자잘한 내용까지 기사로 쓴다는 점보다는 바로 이 경제라는 필터를 통해서 기사를 작성한다는 점에 있어. 경제신문에서는 스포츠 기사까지도 비즈니스라는 관점에서 쓰인 게 많거든. 결국 스포츠 마케팅, 리더십, 인재 활용과 같은 비즈니스적인 관점에서 기사를 쓰니까 비즈니스를 공부하는 초보자 중에서 스포츠에 관심이 높은 사람들 입장에서는 고마운 거지."

"오…… 신기하다. 그 부분은 생각도 못했네."

"특히 관심이 가는 기사는 소리를 내면서 읽어보는 게 좋아. 키워드나 중요한 등장인물이 반복적으로 나오니까 읽다 보면 어느새 저절로 외워지거든."

"신문을 그런 식으로 읽어보겠다는 생각은 전혀 안 해봤어. 경제지는 좀 더 따분할 거라 생각했지."

"스포츠 신문 같은 석간도 도움이 돼."

"왜? 당신 말대로라면 그런 매체는 경제지에 비해 수준이 좀 떨어지는 거 아니야"

"경제지가 우등생이라면 석간지는 약간 불량학생이라고 할까? 우등생하고만 친하게 지내지 말고 불량학생하고도 교류를 하는 게 균형 잡힌 시각에 도움이 되잖아. 경제지에서 부정적으로 말하지 못하는 게 석간지에서는 꽤 신랄하게 다뤄지기도 해."

"같은 사건이라도 기사의 성격이 다르다?"

"정보원을 하나로만 정해놓고 거기에 의지하는 건 위험해. 그렇지만 정보가 넘쳐나는 현대 사회에서는 정보원이 너무 많아서 어느 정보를 믿어야 할지 혼란스럽기도 하지. 그래서 나는 어느 정도 정보원을 압축해놓고 매일 같은 정보원을 활용하는 것이 이 정보의 바다에서 균형을 잡을 수 있는 방법이라고 봐."

"결산서를 읽을 때의 포인트에 대해서도 알려줘."

"신문을 매일 읽는 사람은 많아도 결산서는 주식회사에 근무하는 사람 말고는 생소하기 마련이고 한 번도 못 본 사람도 많을 거야. 하지만 생각해봐. 우리가 살고 있는 이 세상은 자본주의 사회이고 자본주의 사회의 중심에는 주식회사가 있어. 그 주식회사의 구조를 잘 모르면서 자본주의 사회에서 성공을 하겠다는 건 무모한 도전이 아닐까? 물론 그런 걸 전혀 모르더라도 다른 분야에서 남들보다 탁월하게 뛰어난 센스라면 주식회사의 구조 따위 몰라도 되겠지. 하지만 대부분의 사람들은 그렇게 뛰어난 센스를 갖고 있지 못해."

남편은 주식회사의 조직 체계를 이해하기에 결산서만큼 효과적인 자료가 없다고 이야기했습니다. 결산서란 모든 회사가 동일한 규칙에 맞춰 공통된 화폐 단위로 나타낸 내용이니까요. 모두 동일한 규칙을 사용하니 비교하기도 쉽고, 그 규칙만 잘 알아두면 회사를 분석하는 데도 용이할 것입니다.

"결산서는 회사에서 발행하는 일련의 행동을 숫자로 바꿔 표현한 문서니까, 그 규칙을 안다는 건 주식회사의 구조 자체를 이해하는 거랑 같아. 주식회사의 구조를 이해하는 게 실제 비즈니스 현장에서 얼마나 도움이 되는지 언젠가 뼈저리게 느끼게 되는 날이 올 거야."

"신문 읽는 것도, 결산서 읽는 것도 그렇게 중요한 일인 줄 몰랐네. 그렇게 깊이 있게 읽어가다 보면 분석력이나 전달력을 기초부터 다지는 데 도움이 된다는 거지?"

시간이 흘러 이제 창업이라는 경험을 해본 현재의 나는 그 당시 들었던 남편의 설명에 몇 가지 보충해서 설명할 수도 있습니다. 기업 경영의 기본적인 구조나 마케팅에 대해 알게 되면 기업 경영에 대해 눈을 뜨게 됩니다. 타 회사와의 비교를 통해 우리 회사 특유의 강점을 파악하여 아이디어를 내놓는 것과, 혼자서만 독자적으로 아이디어를 내는 것은 설득력 자체가 크게 달라집니다. 그리고 기업 경영의 기본적인 구조를 배우고 나면 조직의 구조나 규칙도 눈에 들어옵니다. 그렇게 되면 어떻게 접근해야 부장님을 설득할 수 있을지, 과장님 입에서 "OK."라는 대답이 나오게 하려면 어떻게 해야 하는지, 이런 것들에 대해서도 깨닫게 됩니다. 무턱대고 부딪쳐보는 것보다 이쪽이 더 효과적인 추진 방법이기도 하고 이렇게 하면 사내에 불필요한 적을 만들지도 않습니다.

또, 기업 경영이나 결산서에 대한 지식이 있으면 지금 내가 하고 있는 일이 회사에 어떻게 기여하고 있으며 현재 회사에서 나에게 걸고 있는 기대가 무엇인지를 저절로 깨닫게 됩니다. 그렇게 되면 일에 대한 마음가짐도 새로워지고 효율적으로 자신의 가치를 높일 수 있게 됩니다. 회사가 나에게 무엇을 원하는지를 제대로 파악하고 그 기대에 부응할 수 있는 사람이 실제 비즈니스 현장에서 높게 평가되는 인재이기 때문입니다.

프레젠테이션 능력이나 자기 PR보다 더 중요한 것

경영자형 인재의 시각, 분석력, 전달력에 대해서 더 알고 싶어진 나는 남편에게 이런 질문을 던져 보았습니다.

"있잖아, 내가 하는 일을 상대방에게 인정받으려면 프레젠테이션 능력이나 자신에 대해 알리는 자기 PR도 필요할 것 같은데 그런 것도 전달력 중 하나라고 생각해도 될까?"

"글쎄, 그건 그렇게 중요한 건 아니야."

"어째서? 아무리 뛰어난 능력이나 재능이 있어도 프레젠테이션을 잘 못하면 그 능력이나 재능이 있다는 걸 알릴 수가 없잖아. 그래서 능력 있는 사람이 비즈니스 현장에서 그냥 평범한 사람처럼 보이는 경우도 종종 있지 않아? 진짜 아까워. 그 사람이 아무리 노력해서 동기나 부하들한테 칭찬을 받아봤자 정작 중요한 직속 상사나 윗선의 인정을 받지 못하면 그냥 헛수고로 끝나게 되니까. '그래도 거래처에서는 내 능력을 알아준다'고 하는 사람도 있지만 자기 회사에서 인정받지도 못하는데 다른 회사 사람한테 인정받는다는 것 자체가 무리지."

"그러니까 당신 말은 지금 직속 상사나 윗선에게 인정받기 위해서는 프레젠테이션 능력을 갈고닦아야 한다는 거야?"

"응. 열심히 노력하는데도 제대로 인정 못 받는 사람들이 너무 많아. 한편으로 크게 노력하지 않아도 자기 PR을 잘하는 사람은 상사나 윗선의 눈에 띄게 되고. 일단 눈에 띄어야 기억에 남을 테고 기억에 남아야 칭찬받거나 승진할 기회도 올 거 아니야. 안 그러면 '우리 회사에 그런 사람이 있었던가?' 이런 식의 평가로 끝나버릴걸? 그러니까 상사나 더 높은 사람들 앞에서 프레젠테이션을 하거나 기획서 제안을 할 때에는 기회를 반드시 잘 살려야 한다고 봐. 프레젠테이션을 잘 못하거나 자기 PR을 효과적으로 못하면 아무리 혼자 공부를 하고 열심히 일한다고 해도 인정받지 못하고, 결국 아무런 변화도 일어나지 않을 거야."

"프레젠테이션이나 자기 PR에 서툴러도 회사에서 인정받는 사람은 존재해."

"물론 숨겨진 재능이나 노력을 윗사람이 알아주고 좋게 평가해주는 경우도 있겠지만 그건 일부 운 좋은 사람들 이야기 아냐? 지금은 그렇게 운만 믿으면서 사는 시대도 아니고. 자기 PR을 열심히 하지 않으면 빛을 보기 어려워."

"구체적으로 어떤 능력을 보여줘야 한다는 거야?"

"어쩐지 선생과 학생이 바뀐 거 같네. 자연스러운 제스처, 확신에 찬 언변 같은 거?"

"아아…… 그래서 당신이 그 무슨무슨 아나운서 양성 강좌랑 스피치 학원 영상들을 찾아봤던 거구나?"

"응. 매력적인 태도와 비즈니스 매너를 익히는 것도 좋을 것 같아서 전직 승무원들이 강사로 나오는 '매너 스쿨' 관련 자료도 모아놨어."

"대단하네. 좀 잘못 짚은 감은 없지 않지만, 그 노력은 인정할게. 나도 그 정도로 하진 못할 거야."

"뭐가 잘못 짚었다는 거야. 당신도 아까 전달력이 필요하다고 했잖아."

"물론 전달력이야 필요하지. 하지만 경영자형 인재로서 갖춰야 할 전달력이란 겉으로 보이는 프레젠테이션 능력이나 자기 PR을 말하는 게 아니야. 비즈니스 현장에서 자신의 능력을 꽃피우겠다는 목표를 달성하기 위해서는 잔재주를 부려서 화려한 프레젠테이션을 하거나 자기 PR을 하기보다는 경영자형 인재의 시각과 분석력을 갖추고 그 내용을 전달하는 게 중요한 거야."

"알아듣기 쉽게 말해봐."

"윗사람에게 인정을 받느냐 못 받느냐 하는 건 단순히 프레젠테이션 능력이나 자기 PR만으로 결정되는 게 아니니까. 물론 가끔 한두 번 정도는 세련된 행동이나 제스처, 그리고 당당하고 자신감 넘치는 말투 덕분에 일이 잘 풀릴 수도 있어. 하지만 그건 그리 오래 가지 못할걸. 내용 면에서 부실한 기획이 나 제안이라도 한두 번은 그냥 넘어갈 수도 있을 거야. 윗사람 중에서 한두 명은 자기편으로 만들 수 있을지도 모르고. 하지 만 기업에서 중역을 맡고 있는 사람은 누가 뭐라 해도 역시 정 석을 좋아해. 사태를 제대로 꿰뚫어볼 수 있는 눈을 갖고 판단 할 거라고."

"그럼 윗사람에게 낙점되거나 특별히 총애받는 사람들이랑 그렇지 못한 사람들과의 차이는 어디에서 나오는 거야?"

"윗사람에게서 좋은 평가나 신뢰를 받는 거랑, 동료나 부하 들한테서 일 잘한다는 말을 듣는 건 질적으로 다른 이야기야. 동료나 부하들에게서 일 잘한다는 말을 듣거나 본인도 그렇게 생각하는 사람은 아마 눈앞에 주어진 일을 처리하는 능력이 탁월할걸. 하지만 그것만으로는 부족하지."

"뭐가 부족한데? 눈앞에 닥친 일을 잘 처리하는 것도 능력 이잖아. 그것만으론 안 돼?"

"'시각'. 바로 시각이 부족해."

"어떤 시각?"

"남들보다 한 단계 위에서 전체를 내려다볼 수 있는 시각이 라고 하면 되려나. 먼저 자기 자신이 존재하고 자기 부서가 존 재하고 그 위에는 회사가 있고 우리나라가 있고 또 세계가 있지. 한 단계 위에서 바라보기 위해서는 각각의 시각에서 과제를 발견해내고 해결책을 고안하여 실천에 옮기는 사고 회로가 반드시 필요해. 그런 시각을 갖춘 사람들만이 조직이라는 곳에서 위에 올라설 수 있는 거야. 10년 전이라면 모를까 이제는 그런 안목을 가진 사람이 아니면 윗사람 역할을 해낼 수가 없어."

"아무리 일을 잘해도?"

"대부분의 회사는 말이지, 평사원에서 대리, 과장, 부장 이런 식으로 포지션이 올라가잖아. 만약 평사원이 주임이나 계장, 과장, 부장, 이렇게 간부로 승진하는 걸 목표로 한다면 언행이나 일의 내용, 사고 회로, 다시 말해서 이미 간부의 시각을 갖추어야만 해. '과장으로 승진하고 나면 그때부터 과장으로서 해야 할 일을 하면 되겠지.'라고 생각을 하는 사람은 아무리 시간이 지나도 과장이 못 돼."

"자리가 그 사람을 만든다고도 하던데."

"그 말은 가장 높은 단계의 인사에서나 통용되는 이야기야. 최고 단계의 인사에는 운이 따르는 법이거든. 본인이나 주변 사람들 모두가 생각지도 못했던 의외의 인물이 발탁되어 취임하는 일도 있어. 하지만 그건 어디까지나 아주 드문 경우야. 어디까지나 기본적인 판단 기준은 그 직책을 맡기 전에 그 '직책의 업무'를 수행할 능력이 그 사람에게 갖춰져 있는지의 여부야. 그중에서도 특히 사고 회로, 즉 시각을 갖고 있는지를 봐야 해. 당신은 그런 적 없어? 저 사람은 왜 일도 잘하는데 출세를 못하는 걸까 하고 생각해본 적?"

"있어, 있어. 일 처리도 빠르고 책임감도 있고 게다가 부하들한테도 잘 해줘서 평판도 좋은 성실한 사람인데 왜 윗사람들한테 인정을 못 받는 걸까, 그런 사람 있지."

"그런 사람은 어느 회사에 가도 존재하기 마련이야. 반대로 동료나 부하한테서는 별로 신뢰도 못 받는데 유독 윗사람한테 총애를 받는 사람이 있는 것도 사실이고. 그렇다고 해서 윗사람한테 총애받는 사람이 무턱대고 끊임없이 자기 PR을 하고 있는 건 아니야. '저에게는 이미 해당 단계의 직책에 어울리는 실력과 견식, 그리고 사고 회로가 갖추어져 있습니다.' 바로 이 사실만을 윗사람들에게 보여주고 있었을 거야."

"목소리의 크기나 유창한 말주변 같은 건 상관없어?"

"목소리의 크기나 행동도 당연히 중요하겠지만 기업이 원하는 인재가 '말주변이 좋은 사람'이나 '매너왕'은 아니잖아. 윗사람한테 인정받고 총애받기 위해서는 어떤 시각에서 사태를 보고 말하는지가 훨씬 더 중요해."

진짜 중요한 건 '본질적인 테크닉'이다

"지금 내가 하는 말은 그렇게 특별한 이야기가 아니야. 나는 그저 커뮤니케이션의 기본에 대한 이야기를 하고 있을 뿐이야."

"커뮤니케이션의 기본?"

"커뮤니케이션의 기본은 '상대방의 입장이 되어보는 것'이야. 상대방의 입장이 되어보려면 어떻게 해야 할까? 당연히 '상대방의 시각'에서 사태를 바라봐야 하겠지. 다시 말해서 윗사람에게 자기를 알리고 총애를 받고 싶다면 바로 그 윗사람과 같은 시각을 갖춰야만 해. 그런데 대부분의 사람들은 자기 입장에서만 사태를 바라보고 문제를 해결하려고 들어. 자기 입장에서 보는 시각에서 벗어나지 못하고 그 차원에서만 노력을 하지. 그래놓고는 본인 스스로 '일을 잘하는 능력자'가 된 것처럼 착각해. 그래봤자 아무도 그 사람을 인정해주지 않아. 그러는 와중에 자기보다 일을 잘 못 한다고 생각했던 사람이 승진을 하게 돼. 그러면 엄청나게 충격을 받아. 하지만 왜 자기가 그 사람에게 밀려난 건지 그 이유는 몰라. 자기 입장의 시각으로만 사태를 파악하기 때문에 아무리 생각을 해봐도 윗사람의 진정한 의도를 알 수가 없는 거야. 결국 마지막에 가서는 내가 자기 PR을 제대로 못 했나? 프레젠테이션 능력에서 뒤처졌나? 하고 푸념이나 하겠지. 그러고는 결국 또 그 기술만 갈고닦으려 노력할 테고."

"당신 말이 다 맞지만, 나는 태도나 말투도 중요한 요소라고 생각해."

"물론 표면적인 테크닉도 중요하겠지만, 더 중요한 건 본질적인 테크닉이라는 거야. 당신, 미국 메이저리그에서 활약하는 이치로 선수(본명 스즈키 이치로鈴木 一朗. 프로야구 선수. MLB시즌 최다 안타기록 보유자 - 옮긴이) 알지?"

"당연히 알지. 나도 팬인데."

"이치로 선수의 스윙은 말이야, 방망이를 아주 가볍게 휘두르는 것처럼 보여. 그래서 요즘 야구 코치나 지도자 중에는 이치로 선수처럼 가볍게 방망이를 휘두르라고 가르치는 사람도 많다더군."

"흐음, 하지만 이치로 선수가 방망이를 가볍게 휘두른다고 해서 다른 사람들에게도 그걸 따라하라고 가르친다는 건 좀 그런 거 아니야? 이치로 선수만큼 스피드가 나와줘야 방망이를 가볍게 휘두르는 효과가 제대로 나올 텐데."

"당신도 이치로 선수의 스윙 속도가 빠르다는 거 알고 있었구나?"

"왜 이러셔. 이래 봬도 팬이거든? 이치로 선수가 방망이를 가볍게 휘둘러도 스윙 스피드가 빠르게 나오는 이유는, 타고난 순발력은 물론이고 평소에 죽어라고 연습한 결과 아니겠어. 그 과정을 싹 다 무시하고 그저 방망이를 빠르게 휘두르면 된다고 가르치는 지도자라니, 실력 없는 지도자 아니야?"

"그래? 내 눈에는 태도나 말투에 집착하는 당신이랑 그 지도자가 같아 보이는데."

"아니, 어디가 같다는 거야?"

"표면적인 테크닉을 쫓아가는 데 집착한 나머지 생각했던 결과가 잘 나오지 않고 또 잘 나올 리가 없다는 점이."

"……"

"현재 수준에서 최고의 결과를 내놓고 싶다면 가볍게 휘두르는 편이 분명히 좋을 수 있지. 하지만 좀 더 높은 단계로 올라가는 게 목표라면 남들이 보기에 가볍게 휘두르는 것처럼 보이도록 연습하는 것 말고도 하체를 단련한다거나 기초 체력을 높인다거나 정신력을 강화한다거나 하는 기본적인 트레이닝으로 기초를 튼튼히 쌓아야 해. 그렇게 좀 더 높은 단계로 올라갈 수 있는 몸을 만들고 그 후에 테크닉으로 가서 가볍게 방망이를 휘두르는 연습을 하는 순서를 밟는 게 제대로 된 훈련이야. 그렇게 차근차근 단계를 밟아가지 않으면 진정한 거물은 될 수 없어."

"태도나 말투, 목소리의 크기나 높낮이 같은 표면적인 테크닉을 연습하기 전에 먼저 경영자형 인재에게 꼭 필요한 '시각'이나 '분석력' '전달력'을 제대로 갖추도록 노력하라는 이야기네."

"기본 훈련은 지루하고 효과가 금방 나오지도 않기 때문에 많은 사람들이 소홀히 여기기 쉬워. 그 대신에 화려해 보이고 효과가 금방 나오는 테크닉을 연마하는 데 집중하기 마련이야. 게다가 그 테크닉이 '누구나 쉽게 익힐 수 있는 최고의 기술 등등' 이렇게 쓰여 있을 때는 완전히 인기폭발이야. 당신도 그런 말에 좀 혹한 적 있지? 하지만 최후의 승자는 결국 기초 단계를 착실하고 튼튼하게 밟은 사람들뿐이야. 이 사실은 비단 스포츠 세계에서만 통하는 이야기는 아닐 거야."

"음. 좋아. 정리하자면, 경영자형 인재로 다시 태어나기 위해서는 이렇게 해야 한다는 거네. 먼저 '경영자형 인재 특유의 시각'을 갖추기 위해서 '운동장 뛰기'를 하고, '분석력'이랑 '전달력'을 배우기 위해서 '웨이트 트레이닝'을 해야 하는 거지? 그렇게 해서 몸을 만들어야만 테크닉도 제대로 구사할 수 있다는 이야기. 이제 당신이 하는 말이 무슨 뜻인지 알겠어. 일단 먼저 '운동장 뛰기'부터 해야겠네!"

"당신이 제대로 이해해주니까 고맙네."

윗사람에게 인정받거나 총애를 받기 위해서는 '어떤 시각에서 사태를 파악하여 말할 수 있는가'가 훨씬 더 중요하다…….

이 교훈은 지금도 잊지 않고 되새기고 있습니다. 직업상 누군가를 처음 만나는 자리에서 나는 상대방의 마음에 들어야 한다거나 그에게 좋은 첫인상을 주어야 한다는 생각을 하지 않습니다. 다만 상대방에게 '친분을 맺고 지낼 만한 시각을 가진 사람'이라는 인상을 주기 위해서 노력합니다. 상대방이 나를 그렇게 판단하도록 일거수일투족은 물론이거니와 대화 주제의 선택이나 상대방의 이야기에 응대하는 말 하나하나에도 신경을 씁니다. 물론 그 자리에서 갑자기 그런 언행이 나오는 것은 아니므로 평소에도 '시각'을 갖추기 위한 '운동장 뛰기' 연습을 게을리하지 않습니다.

남편이 해준 수업의 내용을 실행에 옮긴 결과는 매우 달콤했습니다. 창업을 한 지금, 나보다 사회적으로도 경제적으로도 우월한 능력을 가진 사람들로부터 여러 면에서 도움을 받고 지원을 받는 일이 많아졌습니다. 운동장 뛰기부터 차근차근 트레이닝을 해나간 덕분이겠지요.

인생의 법칙

한참 이야기를 나눈 후 잠시 고속도를 달리다 조수석을 쳐다보니 어느새 남편은 잠이 들어 있었습니다. 금요일까지 이어진 야근의 피로에 오늘 마신 맥주가 달콤한 잠을 불러왔겠지요. 스승이 잠들었으니 이제 학생은 수업 받은 내용을 복습할 차례입니다. 나는 지난주부터 오늘까지 남편에게 교육 받은 내용을 정리해보기로 했습니다.

내가 갖고 있는 인적 자원과 물적 자원, 자금, 정보, 노하우, 경험, 발상, 감성 등의 경영 자원을 이용해서 이 세상과 이 세상 사람들에게 부가가치를 제공하고 이를 통해 돈이 나를 따라오게 만들 수 있는 인재가 되어야 한다. 그게 바로 경영자형 인재. 그리고 경영자형 인재에게 필요한 것은 시각, 분석력, 전달력, 그리고 철학의 네 가지. 그중에서도 가장 기본이 되는 건 '시각'. 그러므로 이 '시각'부터 먼저 갖추어야 한다. 그런데 이 '시각'이란 건……. 뚜렷하게 정리가 되지 않아 고개를 갸웃하던 순간, 갑자기 조수석에서 남편이 불쑥 말을 합니다.

"시각은 '세상에서 일어나는 사태를 파악하는 방식'이라고 말하는 게 이해하기 쉬우려나."

"헉, 언제 일어났어? 당신, 독심술 해?"

"이심전심이라고 하는 거야."

"일어난 김에 묻자. 당신이 말한 그 모든 경영자형 인재들이 갖고 있다는 경영자형 인재의 시각은 뭐야?"

"그거야 경영자형 인재들에게 공통적으로 갖춰진, 사태를 파악하는 방식이 되겠지."

"그럼 지금 내가 해야 할 일은 현재 내가 사태를 파악하는 방식을 경영자형 인재의 방식처럼 바꾸는 거겠네?"

"맞았어. 바꾸는 데 저항감은 안 들어?"

"그런 거 없어. 처음부터 내가 세상을 어떤 방식으로 파악하는지에 대해 별로 생각해본 일도 없으니까."

현재 내가 경영자형 인재가 아니라는 건 분명한 사실이므로 지금의 나에게 경영자형 인재의 시각이 갖춰져 있지 않은 것 역시 분명한 일입니다. 그리고 무한경쟁 및 자기책임 시대를 살아가는 우리들 중에서는 분명히 인생을 경영하는 경영자형 인재가 최후의 승자가 되겠지요. 이렇게 '분명'한 사실이 계속 나오는 것을 보니 아예 솔직하게 현재 내가 지닌 시각이 형편없다는 것을 인정하고 바람직한 쪽으로 방향을 선회하는 것이 좋을 것 같습니다.

"뭔가 당신, 사고방식이 꽤나 달라진 것 같은데."

"좋은 쪽으로 달라진 거지?"

"응. 좋은 쪽으로 달라진 것 같아."

"칭찬으로 들을게. 당신이랑 이런저런 이야기를 하다 보니 내 시각도 약간은 변했나 봐. 그러고 보니 당신이 날 칭찬해주는 것도 오랜만이네. 그런데 시각이 달라지면 주위 환경도 달라지는 걸까?"

"주위 환경뿐이겠어? 인생 그 자체가 달라지지. 그리고 난 언제나 당신을 자랑스럽게 생각해. 당신이 답답해하는 부분에 내가 좀 더 도움이 되길 바라는 거고."

"흠. 그래?"

"못 믿는 거야?"

"일단. 그렇다고 치자. 그나저나, 시각이 달라지면 인생이 달라진다는 거야?"

"시각을 바꾸지 않는 한 인생은 바뀌지 않아. 내가 존경하는 분 중에서 경영자형 인재가 있는데 어느 날 그분이 나한테 이런 이야기를 해주셨어."

시각이 바뀌면 가치관이 바뀐다.

가치관이 바뀌면 사고방식이 바뀐다.

사고방식이 바뀌면 성격이 바뀐다.

성격이 바뀌면 행동이 바뀐다.

행동이 바뀌면 습관이 바뀐다.

습관이 바뀌면…… 인생이 바뀐다.

"어머, 듣고 보니 맞는 말이네! 나중에 어디 적어둬야겠다."

"나한테 이 이야기를 선물해주신 그분은 이 법칙을 인생의 법칙이라고 불렀어. 하지만 이건 너무나 당연한 이야기야. 세상에는 부자가 되는 테크닉, 성공하는 테크닉, 커리어를 늘리는 테크닉 등 여러 가지 테크닉이 넘쳐나. 그렇지만 아무리 테크닉만 주야장천 공부한다 해도 그건 행동의 일부에 지나지 않아. 시각이 바뀌지 않는 한, 다시 말해서 현재 자신의 시각을, 앞으로 꿈꾸는 미래의 자신의 시각으로 바꾸지 않는 한, 결코 그 꿈은 이루어지지 않는 법이야."

지적 능력과 감성을 겸비한 인간이 되는 것

남편이 선물 받은 그 말을 나도 선물 받은 느낌이었습니다. 마음으로 곱씹는 동안 남편의 강의는 계속됩니다.

"현재 시점에서 세상을 바라보는 눈이나 사태를 파악하는 방식이 바뀌지 않으면 아무리 시간이 지나도 그냥 그 모습 그대로일 뿐이야. 바꿔 말하자면 아무리 열심히 테크닉(행동)을 배워도 인생은 달라지지 않아. 시각이 아니라 습관을 바꾸고 싶어 하는 사람들도 있지. 하지만 강 상류의 시각을 바꾸지 않고 강 하류의 습관을 바꾸는 일은 상당한 정신력을 필요로 해. 당신은 어때? 그런 정신력이 있어?"

"백 퍼센트 '아니'라고 대답하겠어."

"당신 같은 사람이 인생을 바꾸고 싶으면 역시 시각을 바꾸는 일부터 해야 해. 그게 훨씬 더 수월할 거야."

"시각을 바꾼다는 게 그렇게 쉬운 일이야?"

"습관이나 행동, 성격을 하루아침에 바꾸려고 하는 것보다는 쉽다는 뜻이야. 시각을 바꾸려면 '아아, 이런 방식으로 세상을 바라볼 수도 있는 거구나' 하는 '깨달음'을 얻기만 하면 되거든."

"깨달음?"

"세상에는 여러 가지 방식의 시각이 존재해. 경영자형 인재와 거리가 먼 사람들은 우선 이 사실을 잘 모르는 사람들이야. 지금까지 무의식중에 가져왔던 시각이 전부라고 착각하지. 그 결과 좁은 시야에 갇혀서 실패하는 유형이 많아. 그 사람들에게 필요한 것은 '아아, 이런 식으로 세상을 바라볼 수도 있구나. 지금까지 나는 너무 내 방식만 고집해왔네. 그건 잘못된 거였어.'라고 스스로 깨닫는 거야. 그런 깨달음을 얻게 되면 시각이 바뀌고 사고방식이 달라져."

자동차는 어느새 시내에 들어섰고 이윽고 상습 정체 구간에 접어들었습니다. 평소 같으면 성격이 급한 나는 차가 막힌다는 사실 하나만으로도 짜증을 내기 일쑤였지만 오늘만큼은 그렇지 않습니다. 이렇게 재미있는 남편의 이야기를 느긋하게 들을 수 있다면 이런 교통체증도 얼마든지 환영입니다.

"깨닫기만 하면 되는 거야? 정말 그러기만 하면 돼?"

"응, 괜찮아. 근데 그 깨달음이라는 것 자체가 꽤나 힘들기는 해."

"왜 힘들어?"

"자기 자신을 객관적으로 바라보는 '안목'이 없으면 못 깨닫거든. 이 '안목'만 있다면 자기가 만능 슈퍼맨이라는 착각 같은 걸 할 리가 없잖아."

"하지만 누가 그런 착각을 하면서 살겠어."

"생각보다 많아. 직접 그렇게 대놓고 말을 하는 건 아니지만 '내가 하는 일은 뭐든지 옳다'라든가 '나는 결코 틀리지 않았다'라든가, 이런 생각을 하는 '숨겨진 자기과잉형 인간'은 꽤 많이 존재해."

"그런 사람들은 결국 언젠가 된통 당하지 않을까? 누구나 한번 된통 당하고 나서야 겨우 정신을 차리잖아."

"그런 사람들은 그렇게 된통 당해도 바뀌지를 않아. '운이 나빴기 때문'이라거나 '환경이 안 좋아서' '사회가 부당해서' '누구누구 탓' 등등, 항상 뭔가 탓할 대상을 찾아서 자기 자신을 합리화하곤 하지."

"듣다 보니 어쩐지 예전의 내 얘기 같기도 하다."

"누구나 그런 면이 있지. 하지만 당신은 조금씩이라도 달라져 왔잖아. 이제는 적어도 자기 인생이 잘 안 풀리는 이유를 남의 탓으로 돌리지는 않게 됐고."

"나는 아직 미완성 상태라는 사실을 깨달았거든. 그랬더니 좀 안 좋은 소리를 듣더라도 그냥 그대로 받아들일 수 있게 됐고 이제 더 이상 내가 무지하고 무력하다는 사실에 대해 부끄럽다고 느끼지 않게 됐어. 그보다는 지금 미완성 상태인 나를 하루하루 완성시켜 나가는 일이 재미있거든."

"호오~ 그거야말로 바로 경영자형 인재의 시각인데. 그러면 당신이 그 시각을 지니게 된 계기는 '나는 아직 미완성 상태라는 사실을 깨달았던 사건'이 되는 셈인가. 역시 '깨달음'이 있는 곳에 '시각의 전환'이 있었지?"

"응. 당신 말대로야."

"앞으로 나는 당신한테, 내가 지금까지 만나본 많은 경영자형 인재들에게 공통적으로 갖춰져 있었던 '시각'에 대해 알려줄게. 하지만 내가 하는 이야기들은 다 당신에게는 정보에 지나지 않아. 그러니까 내 이야기를 머리로만 듣고 있으면 그저 지식만이 축적될 뿐이야. 그래서는 아무 의미도 없어. 그런 사태를 방지하기 위해서라도 머리뿐 아니라 가슴으로도 들어줬으면 좋겠어. 내 이야기를 듣고 놀라거나 좌절할 수도 있어. 하지만 그런 심적 동요까지도 소중하게 느끼면서 이야기를 들어줘. 그 심적 동요를 무시해서는 안 돼. 그 시각이라는 건 말이지, 머리만 가지고서는 결코 얻을 수 없는 정보 같은 거야. 머리와 가슴, 둘 다 사용해서 정보를 받아들일 때에 비로소 깨달음의 순간이 찾아오고 그때 처음으로 새로운 시각이 당신 안에 생기게 될 거야."

"응! 정보는 머리와 가슴을 둘 다 사용해서 받아들여라! 꼭 기억할게."

"그렇게 하면 지성, 다시 말해서 '지적 능력'과 '감성'을 겸비한 인간으로 자연스럽게 변해갈 수 있을 거야. 자본주의 사회나 비즈니스 사회에서는 지적 능력만 있는 인간은 환영받지 못해. 또 감성만 충만해도 인정받지 못하고. '지적 능력'과 '감성'을 겸비한 인간이 우대받는 사회니까 그건 아주 큰 장점이 될 거야.

"'지적 능력'와 '감성'을 합쳐서 '지성'이라고 부르는 거였구나. 내 무식이 탄로 나는 건 좀 불쾌한 일이지만 이 역시도 새로운 시각이 생기네. 모르는 걸 알아가는 건 정말 꿀잼인 일인 것 같아!"

진화의 열쇠는 솔직함과 겸허함

"난 당신의 그 호기심과 솔직함이 좋더라. 지금처럼 그렇게만 하면 언젠가 당신의 노력은 열매를 맺게 될 거야. 그에 비하면 그 사람들은 형편없지."

"그 사람들? 누구?"

"부실기업의 오너인 경영자들 말이야. 본질적으로 중요한 것들을 외면하고 항상 테크닉이나 마법 같은 요령만 찾아다니는 사람들. 그런 식으로 세상을 바라보는 눈이나 사태를 파악하는 방식, 다시 말해 그런 시각들이 바로 그들을 곤경에 빠뜨리고 있다는 사실을 전혀 깨닫지 못한 채 말이지. 그거야말로 경영자형 인재와는 거리가 먼 사람들의 시각이라고 할 수 있겠네. 그 시각을 경영자형 인재의 시각으로 전환하지 않는 한 그 사람들의 미래는 불을 보듯이 뻔해."

"비즈니스 업계에서 물러나서, 결국 망한다는 이야기야?"

"글쎄 어떻게 되려나. 그 이상은 내 입으로는 말 못하겠는데. 어쨌거나 나는 은행원이니까 직업상 비밀을 지킬 의무가 있다고. 다만 그 사람들을 보면서 아주 중요한 사실을 깨달았어."

"그게 뭔데?"

"아무리 나이를 먹어도, 아무리 빛나는 경력을 쌓아왔다고해도, 솔직함과 겸허함을 잃어버리는 순간부터 그 사람의 성장은 멈춰버리고 쇠락의 길을 걷게 된다는 자연계의 섭리. 기업도 다를 바 없어. 반대로 말하면 솔직함과 겸허함을 잃어버리지 않는다면 나이와 상관없이 언제까지나 자기 자신을 계속진화시켜 나갈 수 있다는 뜻이야. 그리고 현대 사회에서는 기업도 개인도 계속해서 진화해나가지 않으면 결국 조금씩 퇴보할 수밖에 없고. 그건 그렇고 당신도 '태세 전환이 빠르다'라는말 들어봤지?"

"별로 좋은 뜻으로 하는 말 같지는 않던데."

"그렇지. 하지만 비즈니스 업계에서는 빠르게 태세를 전환하는 게 중요해. 사회나 비즈니스 환경, 고객에 대한 꾸밈없는태도나 겸허함을 계속 유지할 수만 있다면 자신들(기업 측)의

윤리나 경영 방식만을 고집하게 되지는 않거든. 그러니까 돈이 들어오는 행운을 만나고 싶다면 솔직함과 겸허함만큼은 늘 잃어버리지 않도록 명심하자고."

"돈 버는 센스를 높이기 위해 솔직함과 겸허함이 필수적이라니. 전엔 몰랐네."

"벼는 익을수록 고개를 숙인다고 하잖아. 솔직함과 겸허함이 열매를 맺게 되면 재운이 따른다는 사실을 옛날 사람들도 알았던 거 아닐까? 이거, 옛 선인들의 통찰력, 정말 대단하다! 감탄스러워."

기나긴 어둠에서 벗어나 눈이 번쩍 뜨이는 기분이었습니다. 그것도 한 번이 아니라 여러 번 연속해서. 내 앞에 커다란 가능성이 펼쳐지는 느낌이 들었습니다. 슬슬 교통정체도 풀리기 시작했고 나는 새로운 전환기를 맞이한다는 들뜬 기분과 함께 힘껏 자동차 액셀을 밟았습니다.

Part **4**

인생을 바꿔주는
네 가지 시각

경영자형 인재로 다시 태어나 화려하게 능력을 꽃피우기 위해서는

네 가지 시각에 따라 사태를 바라볼 수 있어야 합니다.

이 네 가지 시각 모두 여성들 입장에서는 불리한 면이 있을 수도 있지만

그렇다고 포기할 수는 없겠죠?

네 가지 시각을 지닐 수 있게 되면

'나 자신이 곧 규칙!'이라는

멋있고 힘찬 단계에 도달할 수 있기 때문입니다.

첫 번째, 장기적으로 미래를 내다보는 시각

◆ 잡무 하나만으로도 인생은 바뀐다 ◆

그렇게까지 기대하지 않았던 남편과의 수업은 점점 유익하게 발전하고 있었습니다. 그때 그저 기분 나빠하며 남편의 제안을 받아들이지 않았다면 지금쯤 어떻게 되어 있을지 생각도 하고 싶지 않을 정도니까요. 무엇보다 남편은 내게 훌륭한 스승이었고, 체면 차리지 않고 무엇이든 서슴없이 물어볼 수 있단 사실도 굉장히 좋은 점이었습니다.

"그럼 이제부터 본격적으로 경영자형 인재의 시각에 대해 설명해도 될까?"

"물론이지. 선생님, 잘 부탁드려요~."

"경영자형 인재들이 공통적으로 지니고 있는 특유의 시각 중 특히 세상에서 자신의 능력을 꽃피우고 싶어 하는 사람이 갖추면 좋은 시각에는 네 가지가 있어."

"네 가지?"

"장기적으로 미래를 내다보는 시각, 전체적으로 바라보는 거시적 시각, 본질적이고 근본적인 시각, 다각적이고 다면적인 시각, 이렇게 네 가지야."

"헐. 나한테는 하나같이 다 어려워 보이는데. 나만 그런 거야? 다른 여자들도 그래?"

"남자건 여자건 누구에게나 쉬운 개념은 아니야. 남자들 중에도 이 시각을 갖지 못한 사람들이 많으니까. 다만 여자들에게 이런 시각이 좀 더 부족한 경향이 있을지도 모르겠네."

"그럼 내가 만약 이 네 가지 시각을 다 갖추면? 그럼 훨씬 경쟁력이 생기겠네?"

"음…… 아마도? 자, 넷 중에 뭐부터 얘기해볼까?"

"처음에 말한 '장기적으로 미래를 바라보는 시각'에 대해 설명해줘."

"오케이. 우리는 눈앞에 닥친 과제 해결에만 집중한 나머지, 자칫하면 장기적인 시각을 잊어버리기 쉬워. 그런데 경영자형 인재는 달라. 항상 미래를 내다보고 지금 자기가 몰두하고 있는 일이 어떤 의의가 있는지를 체크하거든. 지금 하고 있는 일은 장기적으로 보아 어떤 의미를 갖게 될까? 10년 후, 20년 후에도 지금 하던 대로 하면 되는 걸까 등등 장기적인 시각에 입각해서 현재를 바라보는 거야."

그렇습니다. 경영자형 인재들은 뭔가에 몰두할 때에도 미래를 내다보면서 판단합니다. 이 시각을 갖지 못하면 업무의 목적이 현재 닥친 사태를 해결하는 데 국한되어 일 자체가 귀찮고 시시한 존재로 전락하고 맙니다.

"하나 예로 들어보자. 당신, 신입사원이었을 때 기억나? 아마 커피를 타거나 복사하는 일 같은 거, 엄청 싫어했지?"

"그런 일 좋아하는 직원도 있어?"

"그게 왜 싫었어?"

"잡무나 처리하는 대신 빨리빨리 수습 딱지 떼고 어엿한 직장인이 되고 싶었거든."

"그래서 그렇게 내가 복사 좀 해달라고 부탁해도 느릿느릿 움직이면서 귀찮아했던 거구나."

"그 정도로 티가 났어? 심하게 표현하진 않았던 것 같은데……."

"뭐, 어느 정도는. 본인은 의식하지 못했을 수도 있지만 역시 사람의 '마음'이란 건 태도에 나타나기 마련이니까."

"뭐, 그렇긴 하지만…… 단순 업무만 계속 하다 보면 누구나 다 그렇게 되는 거 아냐?"

"꼭 그렇지도 않아."

"말도 안 돼. 설사 그런 사람이 있다고 해도 엄청나게 특이한 사람이겠지."

"장기적으로 미래를 내다보는 시각을 가진 사람이라면 그런 잡무도 즐거운 마음으로 할 수 있어."

"어떻게? 왜?"

"장기적으로 미래를 바라보는 시각의 소유자는 말이지, 지금 자기가 하고 있는 일이 앞으로 장기적으로 어떤 의미를 가질 것인가에 대해 항상 생각할 수 있어. 10년 후, 20년 후의 나는 어떤 모습일까? 어떤 사람이 되고 싶은가? 그러기 위해서 지금 내가 하고 있는 일은 어떤 식으로 도움이 될까? 이런 것들을 생각하면서 지금 주어진 일들을 처리하거든. 그럼 잡무조차도 그저 아무 의미 없는 일만은 아니게 돼. 복사 업무를 예로 들어볼까? 분명히 복사 업무를 싫어하는 사람이 훨씬 더 많을 거야. '하루라도 빨리 수습 딱지를 떼고 나도 어엿한 한 사람의 직장인으로 대접받고 싶다'는 생각을 가진 신입사원이라면 더 그러겠지. 그런 신입들도 시간이 지나면 조직 내에서 각자 역할이 주어질 테고 업무량이 증가해. 하지만 시간은 그대로야. 그리고 그 상황에서 주어지는 일은 바야흐로 머리를 써야만 해결할 수 있는 일인 경우가 많아.

자, 여기서 퀴즈 하나 내볼까. 신입 시절에 '어차피 주어진 복사 업무라면 더 신속하고 깔끔하게, 더 효율적으로 복사를 할 수 있는 방법을 연구해보자'는 생각을 가진 A씨와, '왜 내가 이런 일을 해야 하는 거야' 하고 못마땅한 얼굴로 아무런 창의성도 발휘하려 하지 않는 B씨가 있다고 치자. 이 두 사람이 몇 년 후에 각각 조직 내에서 꼭 필요한 역할을 맡게 됐을 때 어느 쪽이 '머리를 쓰는 일' 쪽에 더 많은 시간을 할애할 거라고 생각해?"

"……A씨."

"맞아. 어떤 업무 영역에서든 소위 잡무라고 부르는 일들은 늘 있게 마련이야. 아무리 본인이 한 단계 더 높은 영역의 업무를 맡게 되어도 그건 달라지지 않아. 그리고 높은 단계의 업무, 다시 말해서 난이도가 높은 업무를 맡게 되었을 때에는 당연히 업무량도 증가하게 돼 있어. 하지만 당신에게 주어진 시간은 신입사원이었을 때나 난이도 높은 업무를 맡게 되었을 때나 변하지 않아. 만약 복사를 하는 데에 업무 시간을 빼앗긴다면 그때 당신은 어떤 기분이 들 것 같아?"

"왜 내가 시간이 많았던 신입사원 시절에 좀 더 신속하고 깔끔하게 복사할 수 있는 기술을 마스터하지 않았을까 후회할 것 같아."

"만약 그때 그런 기술을 익혀 놓았더라면 지금 이렇게 복사 같은 단순 업무에 시간을 많이 빼앗기지 않고 좀 더 중요한 본업에 시간을 할애할 수 있을 텐데, 하고 생각하겠지. 본질적이면서도 자신의 개성을 살릴 수 있는 일을 하는 데 더 많은 시간을 써야 업무의 질도 향상되고 좋은 평가를 받게 된다는 사실을 알지만 현실은 그러지를 못해서 일을 제대로 할 수가 없을 거야. 당연히 좋은 평가도 못 받게 되고. 뒤늦게 후회해봤자 소용없겠지."

듣고 보니 일리 있는 말입니다. 나도 수습 딱지를 떼고 싶은 생각만이 머릿속에 가득해서 눈앞에 닥친 업무의 소중함이나 그 의미에 대해서는 생각조차 못 했던 사람 중 한 명입니다. 장기적으로 미래를 내다볼 수 있는 시각을 갖지 못했던 시절의 나. 지금 돌이켜보면 참 한심할 따름입니다.

◆ 지루한 작업도 시각에 따라 창의적인 일로 바뀐다 ◆

"그러면 복사하기를 싫어했던 당신한테 한번 물어보자. 당신은 지금 현재, 날마다 하는 일상적인 일을 효율적으로 척척 해낼 수 있어?"

"……아니."

"커피를 끓일 때에는 '어떻게 하면 최단 시간에 가장 맛있는 커피를 만들 수 있을까?' 하고 스스로에게 물어본 적 있어? 복사를 할 때에도 '더 빠르고 더 깔끔하게, 문서를 받아볼 사람이 만족할 수 있도록 해야지!' 하는 생각을 해본 적 있어? 서류 정리를 할 때에도 '더 빠르고 더 효율적으로 더 편리하게 문서를 찾아볼 수 있도록 정리하려면 어떻게 해야 할까' 하고 고민한 적 있어?"

"전혀 없는데."

"그렇다면 만일 난이도가 높은 업무, 당신 표현을 빌리자면 '높은 단계의 일'을 맡게 될 기회가 있더라도 그 기회를 자기 것으로 만들지는 못하겠네. 당신은 '더 보람 있는 일을 하고 싶다'고 하면서도 언젠가 그 희망이 이루어졌을 때에 대한 아무 예측도 없이 눈앞에 놓인 일에 대해서 불평만 늘어놓고 있는 거야. 그래서는 희망이 이루어질 리가 없지."

"……"

"장기적으로 미래를 내다보는 시각이란 말이지, 먼 미래를 꿈꾸면서 현실 도피를 하라는 이야기가 아니야. 지금 눈앞에 있는 현실을 장기적으로 바라보면서 의미 있는 것으로 만들고자 하는 사고 회로 같은 거라고 할 수 있어. 장기적이고 긴 안목으로 눈앞의 업무를 바라보지 않으면 하루하루는 단순한 작업의 반복으로 느껴질 뿐이야. 이래서는 하루하루가 지루한 날의 연속일 수밖에. 하지만 장기적으로 봤을 때 지금 하고 있는 일이 앞으로 어떤 의미를 갖는지를 알 수 있다면 인간은 창의성을 발휘하고 싶어져. 작업에 창의성이 가미되었을 때 비로소 진정한 의미의 '일'이 완성되는 거야."

"그렇구나."

"일이라는 건 말이지, 사실 재미있는 거야. 고민하거나 고통을 겪으면서도 창의적인 연구를 수행할 때 느껴지는 기쁨이란 게 있어. 그 연구가 성공을 거두었을 때에는 성취감을 느끼게 되고. 하지만 '업무'는 지루해. 아무라도 할 수 있는 거고. 누구나 할 수 있는 것이다 보니 평가도 낮게 나오고 수입도 많지 않아. 게다가 일을 하는 인간은 남녀불문 아름답고 반짝반짝 빛나는 법이야. 왜 그런지는 알지?

매일 반복적으로 수행하는 것들을 단순하고 의미 없는 '업무'로 만들 것인지 자신에게 진정한 의미가 될 수 있는 '일'로 만들 것인지는 당신이 어떤 시각을 갖고 있느냐에 달려 있어. 항상 고민해야 해. 지금 눈앞에 있는 이 일을 어떻게 하면 더 빠르고 더 확실하게, 그리고 더 세련되게 처리할 수 있을까 하고 말이야. 그렇게 끊임없이 연구하는 '자세'가 당신의 능력을 높여줄 거고 일하는 즐거움을 깨닫게 해줄 거야."

그날 이후, 나는 평소에 하기 싫어했고 또 그래서 서투르기만 했던 일상적인 일들을, 미래를 내다보면서 공들여 하게 되었습니다. 솔직히 말하자면 지금도 잘하지는 못합니다. 그래도 예전에 비하면 제법 빠르고 좀 더 정확하게 해낼 수 있게 되었습니다.

단순작업군에 속하는 일을 빨리 처리하는 기술을 마스터한 효과는 창업 후에 제대로 발휘되었습니다. 회사 경영에는 상상했던 것 이상으로 잡무가 많았습니다. 실제로 이 잡무에 쫓긴 나머지 돈을 벌어들이는 본업에 집중할 수가 없고 그 결과 매출이 오르지 않아서 결국 파산이라는 길로 접어드는 기업가가 수없이 많습니다. 그런 기업가들을 볼 때마다 나는 장기적으로 미래를 내다보는 시각이 얼마나 중요한 것인가를 통감합니다.

우리는 종종 당장의 감정에 빠져 중요한 것들을 놓치기 쉽습니다. 그럴듯하게 보이는 것만 좇다 보니 지금 내가 하고 있는 일이 장기적인 시각으로 봤을 때 어떤 의미를 갖는지 미처 깨닫지 못하는 것이죠. 그러다 꼭 뒤늦게 후회하곤 합니다. 그런 일을 막기 위해서라도 우리에겐 장기적으로 미래를 내다보는 시각이 꼭 필요합니다. 특히 창업을 앞두고 있거나 프리랜서로 일하고 싶은 사람이라면 남편이 얘기한 네 가지 시각은 필수적입니다.

나는 창업 후에도 한동안 기회가 있을 때마다 '나는 앞으로 무엇을 하고 싶은가, 그러기 위해서 지금 어떤 실적을 만들어 가야만 하는가'에 대해 깊이 고민했습니다. 그 결과 '지금 하는 일을 앞으로도 계속 하고 싶은데 그 희망을 가로막는 가장 큰 리스크는 일회성으로 그치고 잊혀진다는 것, 이 리스크를 피하기 위해서는 나만의 개성과 아이디어를 살릴 수 있는 일을 해야만 한다'는 결론에 도달했습니다. 그 결과, 창업 초부터 현재에 이르기까지 이 결론에 어긋나는 일이라면 맡지 않습니다. 서적 집필 의뢰건 강연이나 텔레비전 방송 출연 의뢰건 간에 아무리 높은 보수를 준다 해도, 아무리 권위 있는 곳에서 들어온 제안이라 해도, 그 일이 장기적으로 마이너스를 초래하는 일이라면 정중히 거절합니다.

"들어오는 일은 사양 말고 뭐든 다 수락해야지 무슨 소리냐."고 야단을 치는 사람들도 있습니다. 특히 방송 출연을 전혀 하지 않는 나의 태도에 대해 의문을 가지는 사람들도 만납니다. 그런 태도에 대해 오만하다는 평가를 내리는 사람도 있습니다. 하지만 상대방의 이야기를 들을 때, 나는 상대방이 어떠한 시각으로 나에게 이야기를 풀어놓는 것인지에 집중하면서 들으려고 노력합니다. 안타깝게도 장기적으로 미래를 내다보는 시각에 입각하여 이야기를 들려주는 사람은 거의 만나기 어렵습니다. 물론 장기적인 시각으로 미래를 내다보면서 의견을 주시는 분도 간혹 있기는 합니다. 그런 의견일수록 '입에 쓴 약'인 경우가 많기는 합니다만…….

기업체에 근무하는 분들의 경우, 어떤 일이 들어왔을 때 일의 종류를 가려서 받아들이기가 현실적으로 어려울 것입니다. 하지만 업무의 우선순위를 정해놓고 업무에 소비하는 시간과 에너지를 효율적으로 배분할 수는 있을 겁니다. 다만, 우선순위를 정할 때에는 자신의 사고 회로에 '내 인생을 바라보는 장기적인 시각'과 '미래를 내다보는 시각'이라는 필터뿐 아니라 '기업의 미래'라고 하는 시각도 장착할 필요가 있을 테니까 주의를 기울여야 합니다. 장기적으로 미래를 내다보는 시각에 따라 자신의 행동을 돌아보고 '지금'이 장차 어떤 의미를 갖게 될 것인가를 자주 확인해야 합니다. 그러면 이제부터는 '이럴 줄은 몰랐다'며 후회하게 될 확률이 분명히 줄어들 것입니다.

두 번째, 전체적이고 거시적인 시각

◆ 내가 하는 일은 사회에서 어떤 의미를 갖는가 ◆

"장기적으로 미래를 내다보는 시각이 그렇게 중요한지 미처 몰랐네. 난 말이야, 지금까지 내가 지금 하고 있는 일이 앞으로 어떤 의미를 갖게 될지에 대해서는 전혀 고려하지 않았어. 다소 불안하긴 하지만 나 나름대로는 장기적으로 미래를 대비하고 있다고 믿었지 뭐야."

"그럴 수 있지. 많은 사람들이 그러니까. 그런데 그 시각보다 좀 더 갖추기 어려운 게 있어. 바로 '전체적이고 거시적인 시각'이야."

"그게 두 번째 시각이구나? 한번 들어볼까, 왜 그렇게 어려운지?"

"전체적이고 거시적인 시각이란, 어떤 사건 하나가 사회 전체 속에서 어떤 의미를 갖는가? 내가 지금 하고 있는, 또는 앞으로 하고자 하는 일이 이 사회라는 공동체 안에서 어떻게 관련되는가? 이런 내용을 보다 넓은 안목에서 하나의 현상으로 받아들여 파악하는 시각을 말해. 예를 들어, a씨가 A라는 회사에서 경리 일을 하고 있다고 해보자. a씨는 자기가 하고 있는 일이 별로

중요하지 않은 하찮은 일이라고 생각할 수도 있어. 하지만 이 걸 사회적이고 전체적인 시점에서 생각해보면,

아, 우리 회사는 이런 상품이나 서비스를 타인에게 제공하면서 이런 방식으로 사회에 기여하고 있구나.

↓

이렇게 사회에 기여하는 과정에서 나는 경리라고 하는 직책을 맡아서 회사 경비를 절감하는 데 도움을 주고 있다. 회사가 경비 절감에 성공한 결과, 이윤이 창출되고 축적된 후에 그 이익이 재투자로 이어지게 되면 또다시 세상에 새로운 상품과 서비스를 제공하는 과정에 참여하게 된다.

이런 식으로도 볼 수 있겠지. '내가 맡은 일을 통해 간접적으로 세상에 조금이나마 도움을 줄 수 있다'는 생각을 가진 사람, '주어진 일을 그저 하고 있을 뿐'이라고 생각하는 사람 중에서 어느 쪽이 자기 일에 대해서 다른 사람에게 잘 설명할 수 있을 것 같아?"

"당연히 전자 쪽이겠지."

"그럼 만약 그 두 사람이 이직을 결심했을 때 '당신은 지금

까지 어떤 일을 했나요?' '주로 어떤 경험이 있습니까?'와 같은 질문을 받는다면 둘 중 누가 더 열정을 갖고 대답할 수 있을까?"

"이번에도 전자 쪽."

"그렇겠지? 특히 앞으로 자기 회사를 창업하고 싶다거나 프리랜서로 일하고 싶은 생각이 있는 사람이라면 지금 하고 있는 일, 또는 앞으로 하고 싶은 일이 이 사회 전체 안에서 어떤 의미를 갖는 일인지를 남에게 제대로 설명할 수 있어야 해. 안 그러면 성공하기 어려워."

◆ 일의 개념을 제대로 설명하라 ◆

"성공하기 위해서는 역시 말주변이 좋아야 할까?"

"꼭 그럴 필요는 없을 것 같은데. 다만 본인이 지금 하고 있는 일이나 앞으로 하고 싶은 일이 이 사회에서 어떤 의미를 갖는지 제대로 설명도 못한다면, 그 사람이 이 사회와 세상에 부가가치를 제공할 수 있을까. 상품이나 서비스를 통해 고객에게 어떤 부가가치를 제공하고 싶은지―이걸 일의 개념이라고 하는데―이걸 전하지 못한다면 고객은 그 사람이나 그 사람이 경영하는 회사에 공감할 수 없어. 오늘날 이 극심한 경쟁 사회에서 살아남기 위해서는 주요 고객층 설정하기, 회사가 추구하는 일의 개념에 대해 고객들과 공감대 형성하기, 이 두 가지는 필수라고 할 수 있어."

"그건 경영자의 역할이구나?"

"경영자뿐 아니라 직원들도 마찬가지야. '우리 회사는 이 사회에서 이러이러한 위치에 있으며 이러이러한 부가가치를 사회와 세상에 제공하고 있다. 나도 그 일에 참여하는 사람으로서 이러이러한 역할을 담당하고 있다.' 이렇게 설명하면 고객들도 '이 회사는 이런 개념을 바탕으로 일을 하는구나.' 하는 생각이 들 거야. 그 결과로 공감대가 형성되면 상품이나 서비스를 구입하거나 뭔가 지원을 해주는 방향으로 흘러가는 거지."

"막상 고객 앞에서 그런 말을 해야 한다고 생각하니까 조금 민망한데."

"무슨 소리야. 예를 들어서 당신이 어떤 회사의 영업사원을 만났다고 해보자. 전체적이고 거시적인 시각에 입각해서 회사와 일에 대해 열정적으로 설명하는 사람과, 그런 이야기는 전혀 언급하지 않고 그저 상품과 서비스의 장점만을 말하는 사람 중에서 어느 쪽에 더 믿음이 갈까?"

"고객 입장에서는…… 전자 쪽에 믿음이 가겠지."

"당연한 거야. 보람을 느끼면서 일하기 위해서도, 거래를 성공시키기 위해서도, 일단 먼저 자기가 하고 있는 일에 자긍심을 느껴야 해. 자기가 하는 일에 자긍심을 가지려면 그 일을 전체적이고 거시적인 시각에 입각해서, 즉 그 일이 이 사회와 어떤 관련성을 갖고 있는지를 바라보는 태도가 꼭 필요해."

세 번째, 본질적이고 근본적인 시각

◆ 루의 법칙 Roux's principle ◆

남편의 말에 신입사원일 때의 내 모습이 떠올라 조금 민망하긴 했지만, 남편의 말에는 참으로 공감이 되었습니다. 만약 그때 내가 남편이 말한 '전체적이고 거시적인 시각'을 가졌다면 어땠을까요. 커피를 타는 일도, 복사를 하는 일도, 그 외 잡무들도…… 내가 하는 일로 인해 회사에 기여하고, 그 회사가 좋은 제품으로 사회에 기여한다는 생각을 했다면 많은 게 달라졌을 것입니다. 물론, 지금이라도 그 사실을 알게 됐으니 얼마나 다행인지 모르겠지만요.

"장기적으로 미래를 내다보는 시각, 전체적이고 거시적인 시각에 대해 말했으니까 이번에는 본질적이고 근본적인 시각에 대해 설명할 차례네. 이건 어떤 거야?"

"본질적이고 근본적인 시각이란 '왜 ○○인가?'라든가 '성공한 비결은 무엇인가?' '실패한 원인은 무엇인가?'처럼, 표면적으로 드러난 사태의 본질적이고 근본적인 이유나 원인을 파악하는 시각이라고나 할까? 사회 현상을 보면서 '왜 저런 일이 일어나는 걸까' 하고 생각할 때가 있잖아. 예를 들면 이라크 전쟁. 당신은 그런 생각 안 해봤어? '부시 대통령은 왜 그렇게까지 전쟁을 일으켜야만 했지?' 하는 생각."

"이라크가 대량살상무기를 보유하고 있어서 그랬다고 하던데."

"그런데 말이지, 그 대량살상무기라는 건 아직도 발견되지 않았어. 처음부터 대량살상무기란 게 정말 존재했는지조차 좀 의심스럽다는 의견도 많아."

"정말? 텔레비전에서 그렇게 나왔는데?"

"텔레비전에서 방송한 거라고 다 사실은 아니잖아."

"하긴……. 그럼 미국은 왜 이라크 전쟁을 일으킨 거야? 혹시 9·11 테러와 관계있는 거야?"

"그렇다는 사람도 있지만 그것도 확실한 증거가 나온 건 아니야."

"그럼 왜 그런 거야?"

"그렇지. 바로 그 '왜'가 중요한 거야."

"???"

"표면적으로 드러난 사건이나 정보를 곧이곧대로 믿기만 하면 사태의 본질이 보이지 않는 법이거든. 보이지 않는 걸 넘어어느새 '사태의 본질을 꿰뚫어보지 못하는 두뇌'의 소유자가돼버려."

"사태의 본질을 꿰뚫어보지 못하는 두뇌?"

"응. 당신 혹시 '루의 법칙Roux's principle'에 대해 들어본 적 있어?"

"네모난 고형 카레 루roux 말이야? 그거 처음에는 조금만 넣었다가 나중에 조금씩 추가하면서 맛을 조절해야지 안 그러면맛이 너무 자극적이야."

"음……. 당신 말도 맞아. 하지만 내가 말한 '루의 법칙'은독일의 생물학자 빌헬름 루Wilhelm Roux 박사가 20세기 초에 정리한 생리학의 기본법칙을 말하는 거야."

"아…… 그렇군. 그게 무슨 법칙인데?"

"'인간의 신체 기능은 적당히 사용하면 발달하고 사용하지않으면 쇠퇴한다'는 거지. 이건 우리가 일상생활에서도 경험하잖아. 근육이 그 좋은 예고. 루 박사의 법칙이 흥미로운 점은 이 법칙이 기계에도 적용 가능하다는 거야."

"기계에도?"

"예를 들어 오랫동안 꿈꿔왔던 자동차를 구입한 사람이 있다고 해보자. 그런데 그 자동차를 너무 아낀 나머지, 차가 더러워지거나 비를 맞는 게 싫어서 그냥 차고에 계속 세워만 둔다면 어떻게 될까?"

"아마도…… 상태가 나빠지겠지? 차가 잘 굴러가게 하려면 정기적으로 적당히 운전을 하면서 관리해야 하잖아."

"인간의 두뇌도 똑같아."

"응?"

"루의 법칙은, 근육뿐 아니라 기계에도 적용된다고 했는데 두뇌도 마찬가지야. 많은 사람들이 '권위'를 좋아해. 실체 없이 '권위'라는 이름하에 들려오는 모든 정보를 곧이곧대로 받아들이면서 살곤 하지."

"권위라는 이름하에 들려오는 모든 정보라면…… 텔레비전이나 방송, 신문기사 뭐 그런 것들?"

"맞아. 그걸 철썩 같이 믿으면서 그 정보에 권위를 부여하는 거야. 당신도 그런 거 줄줄 잘 읊곤 하잖아."

"뭐, 좀 그렇긴 하지. 그런 건 이상하게 잘 외워지더라고. 너무 믿어서 그런가."

"그럴 때 두뇌는 암기하는 능력만 사용하고 사고하는 능력은 별로 사용하지 않아. 아무 생각 없이 다른 사람의 의견을 듣고 동조하는 게 얼마나 편한 일이야. 책임질 필요도 없고 말이지. 하지만 그렇게 계속해서 생각하는 훈련을 하지 않으면 아깝게도 두뇌의 기능은 퇴화하게 돼. 그러다 보면 어느새 혼자서는 아무것도 결정 못하고 뭔가에 계속 의존하게 돼버리지. 또한 그 의존 대상이 언제 사라질까 두려워 늘 조마조마하면서 위축된 상태로 인생을 살아가게 돼."

"오 마이 갓! 내가 딱 그런데! 나 요새 정말 그런 기분이었거든!"

◆ '왜'라는 질문이 가진 힘 ◆

남편이 날 두고 한 말이었을까요. 어쩜 그렇게 가슴에 콕콕 박히는지 눈물이 찔끔 날 뻔했습니다.

"그래서는 안 돼. 그렇게 되면 다른 '생각하는 인간'에게 이용당할 수도 있고 착취당하게 될지도 몰라. 역사에도 그런 이야기는 많이 나오잖아. 당신도 이대로 가다가는 언젠가 누군가에게 '착취당하고 사기를 당하는 부류'에 속하게 될 수도 있어. 물론 비즈니스 세계도 예외는 아니야."

"절대 싫어! 고용주 마음대로 나를 휘두르고 말도 안 되는 대접에 불공평한 처사를 당하는 건 더 이상 못 참아."

"그런데 바로 그 이유가 당신에게 있다면? 권위 있는 정보라면 무조건적으로 신봉하고 스스로 생각하려는 노력을 하지 않은 게 원인이라면 말이야."

"나 지금 심각해. 돌리지 말고 말해봐. 어떻게 하면 '착취당하고 사기를 당하는 부류'에서 벗어날 수 있어?"

"생각하는 습관을 길러야지. 더 이상 남의 의견만을 믿으면 안 되고 지금까지 쓰지 않았던 두뇌 기능을 깨워서 사고력을 키워야 해. 그러기 위해서도 '왜'라는 질문은 꼭 필요해."

"왜?"

"하하하, 바로 '왜'라는 질문이 나오네. 좋은 징조야. 왜냐면, 매사에 '왜'라는 질문을 항상 던지다 보면 사고력이 연속적으로 발전하니까. 아까 말했던 이라크 전쟁이 일어난 이유를 예로 들어볼까. 통설에 따르자면 '대량살상무기 보유국'이라는 게 이유라고들 하지만 '왜?' '정말 그게 이유일까?' '혹시 내가 모르는 다른 이유가 있는 건 아닐까?' 이런 식으로 질문을 해보는 거야. 그러면 대부분의 사람들은 지적 호기심이 일어나서 조사를 해보게 돼. 그러다가 새로운 사실을 발견하게 되면 그 사실을 기반으로 해서 다시 또 '왜?'라는 질문을 이어가게 되는 거야. 이런 과정을 계속 반복하다 보면…….”

“그러면?”

“생각하는 능력, 두뇌의 사고 기능이 발달하게 돼서 표면적으로 드러난 부분에만 현혹되지 않고 사태의 본질적이고 근본적인 이유나 원인을 분명하게 밝힐 수 있어. 다시 말해 본질적이고 근본적인 시각을 갖게 되는 거야.”

◆ 문제를 발견하는 능력을 갖다 ◆

“여기서 잠깐 질문 하나 해도 돼?”

“뭔데?”

“표면적으로 드러난 부분에 현혹되지 않고 사태의 본질적이고 근본적인 이유나 원인을 밝히는 게 '왜' 돈 버는 센스와 연결되는 거야?”

“이유는 두 가지야. 하나는 사태의 본질적이고 근본적인 이유나 원인을 밝혀 나가는 과정에서 사고력, 즉 자신의 두뇌에서 새롭게 탄생하는 힘이 갖추어지니까. 이 메커니즘에 대해서는 아까 설명했으니까 생략해도 되지?”

“응, 괜찮아.”

"두 번째 이유는 본질적이고 근본적인 시각을 갖추게 되면 문제를 발견하는 능력이 비약적으로 커지기 때문이야."

"문제를 발견하는 능력?"

"수입을 늘리고 싶거나 돈을 더 벌고 싶은 사람은 우선 자기가 현재 목표로 삼는 대상에 대해, 예를 들어 회사원이라면 직장상사나 회사, 사회에 대해서. 그리고 프리랜서로 일하는 사람이라면 사회에 대해서 부가가치를 제공하고 있는가를 먼저 생각해봐야 한다고 한 말 기억나?"

"당연히 기억하지. 그러니까 부가가치를 제공할 수 있는 인재, 즉 경영자형 인재가 되기 위해서 지금 이렇게 당신한테 교육을 받고 있잖아."

"여기서 문제가 되는 것이 바로 '목표 대상은 무엇을 원하고 있는가'야. 일이 잘 안 됐다고 치자. 그때 먼저 '나한테는 어떤 경영 자원이 있지?' 하고 자기분석을 해선 안 돼. '나는 이러이러한 사람이고 이러이러한 능력을 갖고 있다. 그러니까 나를 인정해달라'는 식으로 혼자만의 착각에 빠지기 쉽거든."

실제로도 이런 사람들을 가끔 봅니다. 상대방이 무엇을 원하는지에 대해서는 관심이 없고 상대방의 희망을 들어주기는커녕 자기가 할 수 있는 것만을 해주면서 상대방에게 인정받으려는 사람들 말입니다. 그런 자세로는 당연히 상대방에게 인정을 받을 수 없는데도 '나는 열심히 노력했는데 회사는 왜 나를 알아주지 않는 거지?' 하고 속상해합니다. 본인에게는 매우 심각한 문제일지도 모르지만 옆에서 보기에는 그냥 '헛스윙'을 반복하고 있는 것일 뿐입니다.

"그러니까 당신 이야기는 먼저 상대방이 원하는 바가 무엇인지 알아보고 나서 그 희망 사항을 들어주기 위해서 내가 할 수 있는 일이 무엇이며 내가 가진 자원 중에서 어느 것을 어떤 식으로 사용하면 될지에 대해 생각해야 한다는 거네."

"오오! 당신, '좋은 평가를 받기 위한 과정'을 제대로 이해했는데?"

"좋아하긴 일러. 과정이야 이해했다지만 실천에 옮기려면 바로 또 벽에 부딪치고 말 테니까."

"왜 꼭 그렇게 생각해……."

◆ '프로'에게서 최소한의 지식을 배우다 ◆

"나는 우리나라 경제가 지금 어떤 문제에 직면해 있는지, 이런 건 전혀 알지도 못하고 내가 다녔던 직장이나 당신이 다니는 회사가 어떤 문제를 안고 있으며 직원들이 어떤 희망사항을 갖고 있는지 하나도 모르는걸. 원래부터 내 의견이나 요구를 어떻게 관철시킬까만 생각했지 상대방, 그러니까 회사나 상사가 뭘 원하는지는 한 번도 고려해본 적이 없어. 게다가 만약 지금부터 생각해본다고 해도 뭐가 뭔지 하나도 모르겠고 어디부터 손을 대야 할지도 모르는 그런 상태란 말이야."

"음, 그건 당신이 비즈니스 관련 지식이 부족하기 때문인 것 같아. 물론 간단한 문제는 아니긴 하지."

"비즈니스 관련 지식이라면 비즈니스를 하는 데 있어 최소한도로 가져야 하는 상식이나 지식을 말하는 거지?"

"그래. 그리고 비즈니스 지식은 앞에서 설명했던 '경영자형 인재로서 갖춰야 할 분석력'의 기초가 되기도 하지.

그럼 지금부터 간단히 정리해볼까. 예를 들어서 회사가 무엇을 원하는지를 파악하려면 주식회사의 구조에 관한 지식이 필요하겠고, 결산서를 제대로 작성하고 읽을 수 있을 만큼의 지식도 필요해. 주식회사는 자본주의 사회의 중심을 이루고 있고 현재 우리가 사는 사회는 자본주의 사회야. 이 말은 우리가 주식회사에 대해 제대로 알지 못하면 더 넓은 세상으로 나갈 수 있는 가능성을 펼치기 힘들다는 뜻이야.

거기다가 결산서. 회사는 결산서를 사용해서 왜 수익이 오르지 않는지 그 이유를 샅샅이 들춰내. 거기서 드러난 수익이 오르지 않는 이유를 바탕 삼아 이번에는 문제해결을 하기 위한 전략을 세우고. 전략이 세워지면 이를 실천하기 위한 회사 전체의 목푯값이 정해져. 회사 전체의 목푯값이 정해지면 그 다음으로 각 부서별 목푯값이 결정되고 각 부서마다 해야 하는 일들이 정해지지. 그게 개인 수준까지 내려오면 영업 목표라든가, 만약 사무업무를 담당하는 직원이라면 경비 절감이라든가 하는 이름으로 모든 직원에게 목표가 주어져. 결산서의 숫자를 읽을 수 있게 되면 이러한 일련의 과정 속에서 자신이 담당하는 업무가 어떤 위치에 해당하는지를 알 수 있어. 그 말은 결국 회사가 자신에게 무엇을 원하는지를 깨닫게 된다는 뜻이야."

"휴…… 그렇구나. 비즈니스 지식이 부족하다 보니 '알고는 있어도 실천은 못 하겠다'는 생각부터 들더라고. 지금도 당신 말을 들으니 이해는 되지만 확실히 좀 막연하긴 해."

"너무 상심하지 마. 비즈니스 지식이란 건 금방 익힐 수 있는 거고, 무엇보다 경영자형 인재의 시각을 갖추게 되면 훌륭한 선생님들을 만날 기회가 생길 테니까."

"훌륭한 선생님들이라니?"

"가장 효율적인 공부 방법은 그 분야의 '프로'로부터 직접 강의를 듣는 거야. 돈과 권력을 지닌 집안에서는 전문가들만

초빙해서 자녀 교육을 시킨다잖아."

"듣고 보니 그러네. 하지만 나는 돈도 없고 권력도 없는걸. 그 분야의 '프로'를 초빙해서 배우다니, 꿈같은 얘기겠지."

"걱정 마. 경영자형 인재가 되기만 하면, 아니 경영자형 인재의 시각만 지닐 수 있게 되면 그런 선생님들이 찾아오게 돼 있어."

"무슨 근거로 그렇게 확신해? 당신이 데려다주기라도 한다는 거야?"

"유유상종이라고 하잖아. 이건 자연의 섭리야. 그러니까 인간이 대단한 거야. 다만 주의할 점은 말이지, 어떤 종류의 인간들이냐 하는 점이야. 유유상종의 '유類'라는 말은 '비슷한 시각을 가진 부류'를 의미하는 거야. 그리고 어떤 분야의 '프로'라고 할 만한 사람은 경영자형 인재들 특유의 시각을 반드시 갖고 있을 거야. 하긴 그런 시각이 있었기 때문에 전문가가 된 거니까 당연한 이야기지만."

"그러니까 당신 말은 경영자형 인재의 시각을 지니기만 하면 '프로'들이 저절로 찾아온다는 거야? 그게 그렇게 쉬운 걸까? 사람과 사람의 만남에는 운도 많이 작용하는 것 같던데."

"걱정 말라니까. 자연의 섭리가 운을 불러올 거야. 어쨌든 언젠가 경영자형 인재 특유의 시각을 갖추게 되면 당신 주위에 각 분야의 전문가들이 몰려들 거야. 게다가 당신은 여자잖아? 안타깝게도 여자들 중에서 경영자형 인재의 시각을 가진 사람은 별로 많지 않아. 남자들은 여자에 대해 호감을 갖기 마련이니까 경영자형 인재의 시각을 갖춘 여성이라면 그들도 분명히 우호적으로 행동할 거야."

남편의 예언(?)은 적중한 것 같습니다. 내가 경영자형 인재의 시각을 어느 정도 갖추게 되자 이 세상에서 일어나는 사태를 파악하는 방식에도 분명하게 변화가 생겼습니다. 당연히 말이나 행동도 변했습니다. 그러자 신기하게도 만나게 되는 사람들이 달라졌습니다. 이른바 각 분야의 '전문가'라고 불리는 사람들과 인연을 맺을 기회가 생기기 시작한 것입니다. 경제, 금융, 경영, 법률, 미술, 음악 등등……. 그들은 나에게 자신의 전문 분야에 대해 여러 가지 이야기를 들려주었습니다.

그들이 '프로'가 될 수 있었던 것은 어마어마한 시간을 들인 학습과 경험의 산물이겠지만 전문가인 동시에 경영자형 인재이기도 한 그들은 그렇게 키운 견식과 통찰력을 자신 내부에 숨겨두려고만 하지 않았습니다. 오히려 아낌없이 펴주는 편이었습니다. 이러한 효율적인 학습 기회를 얻을 수 있었기에 몇 년이 지난 후에는 비즈니스 지식, 그것도 결코 돈 주고도 못 살 만큼 소중한 비즈니스 지식이 어느새 나에게도 쌓여 있음을 깨달을 수 있었습니다.

그들에게 내가 드릴 수 있는 감사의 표시로는 진심에서 우러난 존경과 칭송이면 충분하다는 사실도 경영자형 인재의 시각을 지니게 된 후에야 알게 되었습니다. 하지만 그것도 몇 년이 지난 후의 일입니다. 우선은 계속 남편과의 수업을 이어가 보겠습니다.

◆ 기회는 생각보다 가까운 곳에 있다 ◆

"비즈니스 관련 지식에 대한 당신의 그 예언은 일단 믿어볼게. 그런데 아직 첫 번째 의문점이 잘 풀리지 않아."

"문제를 발견하는 힘을 키우는 것이 어떻게 돈 버는 센스를 키우는 게 되느냐, 그거였나?"

"응. 내가 비즈니스 관련 지식을 쌓으면 그때는 바로 이유를 알게 될지도 모르지만 현재로서는 전혀 모르겠어. 그렇다고 그때까지 기다릴 수도 없으니까 당신이 지금 얼른 알려줬으면 좋겠어."

"알겠어. 그러면 비즈니스 관련 지식을 하나 알려줄게. 지금 기업을 둘러싸고 엄청나게 극심한 경쟁이 벌어지고 있어. 여기까지는 알겠지?"

"오케이."

"환경이 달라졌기 때문에 이제 '위에서 하라는 대로 하기만 하면 OK'인 시대는 더 이상 통하지 않게 돼버렸어. 당신, 가점주의라는 말 혹시 들어봤어?"

"인사고과에서 말하는 그 가점주의?"

"응, 그거 맞아. 지금까지는 거의 감점주의가 주류였거든. 그래서 다들 쓸데없는 일을 벌여서 괜히 점수를 깎이지 않으려고만 했어. 위에서 하라는 대로만 묵묵히 일을 하면 어쨌거나 감점은 안 당하니까. 그런데 이제는 가점주의를 도입하는 기업이 점점 많아지고 있어. 가점주의 제도 하에서는 이제 시키는 일만 묵묵히 해선 안 돼. 그래봤자 점수는 0이거든."

"그러니까 시키는 일 말고도 다른 일을 또 하라는 거야?"

"응. '직원 한 명 한 명이 모두 제각기 수익을 낼 수 있는 기회를 만들어내라'는 거야. 예전 같으면 '모난 돌이 정 맞는다'고들 하면서 튀는 행동을 하지 않으려고 했지만 이제는 기업을 둘러싼 환경이 달라지는 바람에 기업이 '모난 돌'을 요구하는 사회가 된 거야. 바꿔 말하자면 좋은 기획안이나 제안서를 만들어낼 수 있는 직원을 원하게 된 거지. 그렇지 못한 사람은 아무리 눈앞에 있는 일을 묵묵히 해낸다고 해도 인재로 평가받지 못해. 현장이나 사무실에서 업무 내용을 분석해서 수익이 나지 않는 이유, 문제점이나 과제 등을 찾아내어 '현실적'인 개선책을 자신의 언어로 말하고 제안할 수 있는 사람이 인재로 평가받는 시대가 온 거야."

"그럼 윗사람들은 '모난 돌'을 더 좋아하겠네?"

"그렇겠지. 다만 그때그때 떠오른 발상을 무작정 말하라는 게 아니야. 기획이나 의견 제안은 그런 거와는 달라. 이걸 제대로 구별 못 하고 무조건 '모난 돌'이 되려고만 하면 그야말로 날아오는 돌을 맞게 될걸. 제대로 된 '모난 돌'이 되려면 현장을 객관적으로 파악하고 자신의 직관, 현장에서 기른 감각이나 문제의식을 기획이나 제안 단계까지 만들어내는 능력을 갖추어야 할 거야."

"그게 사고력이나 문제해결능력이 된다는 거야?"

"응. 궁극적으로는 본질적이고 근본적인 시각을 갖게 된다고도 할 수 있어. 세상일을 바라보면서 언제나 '왜?'라는 질문을 달고 사는 사람은 아주 작은 변화나 조짐도 놓치지 않게 돼. 그래서 결국 비즈니스 찬스에도 민감해지는 거고."

"비즈니스 찬스를 잡으려면 나무 아래에서 감 떨어지기를 기다려서는 안 되겠네."

"당연하지. 그게 어느 날 갑자기 하늘에서 뚝 하고 떨어지는 게 아니니까. 오히려 발밑에 굴러다닌다고나 할까. 비유하자면 죽순에 가까울지도 몰라. 아주 일부만이 지면 위로 머리를 쏙 내밀고 있는데 그걸 알아차리느냐 마느냐로 아이디어의 완성도가 결정돼. 그 죽순을 잡아서 손상 없이 잘 캐낼 수 있는 기술도 중요하고. 정리하자면 보물을 알아보는 '눈'과 보물을 캐낼 수 있는 '기술', 이게 바로 문제해결력이자 사고력이라고 할 수 있는데 이런 능력이 제대로 갖추어졌을 때 맛있는 죽순 요리를 즐길 수 있는 기회가 늘어나는 거야. 나무 아래에서 입 벌리고 감 떨어지기를 기다려봤자 썩은 감이나 떨어지겠지."

"듣다 보니까 내 인생이 왜 이렇게 잘 안 풀렸는지 알 것 같기도 하다."

"본질적인 시각이라는 걸 키우겠다고 마음먹으면 인생이 좀 더 즐거워질걸."

"어째서?"

"보이지 않던 것들이 보이게 되기도 하고, 또 자기 나름대로 상상의 나래를 펼치면서 뉴스나 기사를 읽는다는 건 마치 추리소설을 읽는 것처럼 재미있는 일이거든. 그렇게 되면 하루하루가 기대감에 가득차서 정신적으로도 좋은 영향을 주게 돼."

"지적호기심이란 마음의 영양제 같은 거네."

"오오, 역시…… 당신의 표현 능력은 참 알아줘야 해. 가끔이지만 아주 주옥같아."

"가끔은? 아무튼 칭찬으로 들을게."

내심 '꼭 그렇게밖에 표현 못 해?' 하고 바가지를 긁고 싶었지만 일단은 입을 꾹 다물었습니다.

✦ 질문의 기술 ✦

"본질적이고 근본적인 시각을 갖추게 되면 직장에서 겪는 인간관계도 편해지게 될 거야."

"직장에서 겪는 인간관계가 편해진다고? 듣던 중 반가운 소리네. 그런데 왜 편해져? 지금까지 이런저런 책도 읽어보고 여러 방법을 써 봤는데도 잘 안 되던데. 솔직히 내겐 너무 어려운 숙제야."

"내가 말했잖아. 어떤 기술이나 요령을 내 것으로 만들려면, 또 행동 변화를 위해서 현재 상태를 바꾸려고 하면 상당한 정신력이 필요하다고. 인간관계에서도 '시각'은 중요한 거야. 예를 들어서 상사한테 혼이 났다고 해보자. 경영 관리의 기본도 잘 모르면서 무조건 '상사는 부하보다 잘났다'고 생각하는 사람은 아직도 많이 있어. 그런 사람들은 언제 어떤 말을 해도 되는지에 대한 경계를 잘 몰라. 그렇기 때문에 부하가 어떤 사고를 일으켰을 때 그 문제와 관련된 사항만 지적하면 될 일을 개인적인 감정까지 실어서 부하에게 퍼붓곤 하지. '대체 자네는 왜 늘 그 모양이야!?' 뭐, 이런 소리를 섞으면서 말이야. 당신은 이런 소리를 상사에게 들으면 어떤 느낌이 들어?"

"내가 잘못한 게 사실이라 하더라도……, 오기를 부리고 싶어질 것 같아."

"왜?"

"왜라니, 인격 모독을 당한 것 같으니까 그렇지."

"당신 말이 맞아. 부하가 잘못을 했을 때, 상사가 경영 관리 차원에서 꼭 취해야 하는 행동은 부하의 인격을 모독하는 게 아니라 그 사고로 일어나게 될 피해를 최소화하는 것과 재발 방지를 위한 조치를 취하는 거야. 그렇다면 그때 상사의 입에서 나와야 하는 말은,"

"'대체 자네는 왜 늘 그 모양이야!?'가 아니라 '이번 사고가 일어난 이유는 뭘까? 왜 연속해서 이런 일이 발생한 거지? 이에 대한 자네의 의견을 좀 들어볼까?'여야겠지?"

"그렇지. 그런 말을 들으면 부하도 사태를 침착하게 바라볼 수 있으니까. 비즈니스 현장에서 감정적인 태도를 보이는 것만큼 시간 낭비는 없어. 감정적으로 행동하는 동안에는 아무

일도 진척되지 않을 테니까. 이렇게 어떤 문제를 제기할 때 '사람이 아닌 사태에 대한 질문'으로 질문 내용을 바꾸는 테크닉은 질문의 기술 중 하나야."

"질문의 기술?"

"비즈니스 커뮤니케이션 스킬의 기본 중의 기본이야."

"비즈니스 커뮤니케이션?"

"뭐야. 이건 당신이 근무할 때에도 분명히 사내강의 시간에 이야기했었는데."

"그래? 미안해. 전혀 기억이 안 나네."

"왜 하나도 기억이 안 나는 걸까?"

"내가 머리가 나빠서?"

"무슨 소리야. 당신은 절대 머리가 나쁘지 않아."

"그래? 들던 중 반가운 소리군."

"당신은 단지 외우고 싶지 않았을 뿐이야. 당신에게 꼭 필요한 정보라고 생각하지 않았을 테니까."

"미안."

"아니, 괜찮아. 그래도 이제부터는 만약 당신한테 필요할 것 같은 느낌이 들면……"

"그러면?"

"이번에는 꼭 기억해둬. 진지한 상황에서 다른 사람이 직접

해준 말은 절대로 잊어버리지 못하는 법이야."

"알았어. 안 잊어버릴게. 뭔가 문제가 생겼을 때에는 상대방을 감정적으로 나무라지 않도록 사람에 대한 질문을 사태에 대한 질문으로 바꿔서 문제 제기를 하는 습관을 들일게."

"좋아. 당신이 앞으로 프리랜서가 될지, 경영 관리자가 될지 모르겠지만. 만약 경영 관리를 해야 하게 된다면 비즈니스 커뮤니케이션 스킬은 정말 필수적이야. 이게 없다면 본인은 물론이고 그 아래에서 일하는 직원들도 비극일 테니까."

◆ 시간의 마법 ◆

"그거 말고 다른 비즈니스 커뮤니케이션 스킬도 있어?"

"있지."

"얼마나 있는데?"

"으음, 비즈니스에 종사하는 사람으로서 갖춰야 하는 최소한의 수준이라면, 한 여덟 가지면 되려나?"

"여덟 가지만 알면 돼?"

"몇 개 안 되는 것 같아도 머리로 이해하는 거랑 실제로 행동하는 건 완전히 다른 문제야. 여덟 가지라고 해도 몸에 익히려면 반복적인 연습이 필수야. 하지만 안타깝게도 지금 당신은 그 여덟 가지를 다 배울 단계가 못 돼.

"엥? 왜? 그냥 가르쳐주면 안 돼?"

"'시각'도 아직 못 갖춘 상태로 스킬부터 배우겠다는 건 뒷산에 하이킹 가는 복장으로 에베레스트 산에 오르겠다는 거나 마찬가지야."

"나는 아직 시기상조라는 뜻이야?"

"모든 건 순서가 있는 법이야. 당신은 한없이 높은 이상을 꿈꾸기도 하다가 갑자기 모든 기대를 접어버리기도 하고 좀 극단적으로 행동하는 경향이 있잖아. 절대 비하하려는 말이 아니니 오해 말고 들어. 남편이니까 할 수 있는 소리야. 가장 가까이에서 당신을 지켜봤고, 회사에서 일하는 것도 본 적이 있으니까. 그렇게 기복이 심한 사람들은 '시간'의 마법을 좀처럼 믿으려 하지 않아. 뭐든지 바로바로 효과가 나오기를 바라고. 하지만 세상일은 그렇게 돌아가지 않아. 에베레스트에 올라가겠다고 마음먹은 그날 바로 산에 올라갈 수 있는 게 아닌 것처럼."

"기분 안 나빠. 나도 인정하는 바니까. 내가 좀 그런 면이 있지. 어쨌든 일단은 '시각'부터 갖추라는 거지?"

"맞아. 요전에도 이야기했지만 당신은 지금 몸만들기 단계에 있는 거야. 몸을 만드는 과정은 지루할 수도 있어. 하지만 제대로 몸을 만들어두지 않으면 어떤 테크닉을 배운다 해도 효과를 발휘하기 힘들어. 이건 운동선수든 등산가든 다 마찬가지야. 그런데도 사람들은 대부분 이런 자연의 섭리를 무시하고 싶어 해. 자연의 섭리를 무시하면 원하는 결과를 손에 쥘 수가 없는데도 말이지."

"그런데 아까 본질적이고 근본적인 시각을 갖추게 되면 직장에서의 인간관계가 편해진다고 했잖아. 그러면 시각을 본질적이고 근본적인 시각으로 바꾸면 비즈니스 커뮤니케이션 능력이 갖춰지는 거야?"

"그런 건 아니야."

"그럼 어째서 편해진다는 거야?"

♦ '상대방의 진의를 꿰뚫어보는' 습관 ♦

"본질적이고 근본적인 시각을 갖게 되면 다른 사람들이 하는 말이나 어떤 사태를 액면 그대로 받아들이지 않게 돼. 감정적인 폭언을 들었다 해도 '왜 이 사람은 나한테 이런 언어폭력을 행사하는 걸까?' '이 사람은 도대체 왜 이런 생각을 하는 거지?' 이런 식으로 상대방이 하는 말을 액면 그대로 받아들여서 혼란스러워하는 대신 상대방을 본질적이고 근본적으로 이해하려고 들게 된다는 뜻이야. 이게 본질적이고 근본적인 시각을 가진 사람의 태도야. 예를 들면 당신이 거래처 과장님한테 폭언을 들었다고 치자. 그것도 당신이 인사를 건네자마자 바로 그쪽에서 당신에게 펀치를 날린 거라고 하고. 평소의 당신이라면 어떤 반응을 보일까?"

"엄청나게 상처받고 우울해질 것 같아."

"그런데 본질적이고 근본적인 시각, 다시 말해서 '왜'라는 질문을 할 수 있는 사람이라면,

Q : 이 사람은 왜 이렇게까지 심한 말을 나에게 하는 걸까?
A : ① 오늘따라 심사가 불편해서
     ② 아무하고나 싸우고 싶어서
     ③ 내가 마음에 안 들어서
     ④ 여성혐오주의자라서

이런 식으로 여러 가지 가설을 세워 가면서 답을 찾아볼 수 있어. 가설을 세우고 나면 '어느 것이 정답인지 다시 한 번 상대방의 이야기를 들어봐야겠는데'라는 마음가짐을 가질 수도 있고."

"그렇구나. 결국 사태를 객관적으로 바라보면서 발전 지향

적인 태도를 가질 수가 있겠네."

"이런 식으로 상대방의 진의를 꿰뚫어보려는 습관을 갖고 대화를 하다 보면 '어떤 일에도 동요하지 않는 태도'를 지닐 수 있게돼. 그렇게 되면 어쩌다 한 번 심한 말을 듣거나 실수를 하게 되더라도 우울감에 빠지지 않게 될 테니까 결과는 상당히 달라지지. 그뿐만이 아니야. 업무 성과도 꽤 올라가게 될걸."

"당신도 그래? 그렇다면 진짜 대단하다. 인정!"

"매번 그런 건 아니지만 그러려고 노력은 하지. 실제로 많이 달라지기도 했고."

"대단하네."

"뿐만 아니라 협상력이나 문제해결력도 좋아질 수 있어. 비즈니스라는 건 말이야, 본질적으로 협상의 연속이고 끊임없는 문제해결의 과정이라고 해도 과언이 아니야. 그러니까 비즈니스에서 성공하려면 협상력이나 문제해결력이 반드시 있어야 하는데 그러려면 본질적이고 근본적인 시각이 꼭 필요해."

"인생을 바꾸려는 자, 시각을 먼저 바꾸어라! 이거네."

"바로 그거야."

뭔가 깊은 울림이 있는 말이었습니다. 남편의 말을 듣고 난 후 다시 한 번 내 행동을 돌아보니 나는 지금까지 상대방의 말을 액면 그대로밖에는 받아들이지 못하는 사람이었음을 분명히 깨닫게 되었습니다. 내가 인간관계에서 늘 실패만 반복했던 건 어찌 보면 당연한 일이었습니다.

"당신도 알다시피 나는 작은 일에도 금방 화가 나."

"그런 편이지. '오늘 상사한테 심한 말을 들었다' '진상 손님이 와서 억지를 부렸다' 등등 당신은 주로 집에 와서 분노를 폭발시키곤 했지. 특히 부엌 싱크대 앞에서 그런 소리를 늘어놓을 때면 어찌나 무섭던지……."

"뭐가 무서워?"

"갑자기 분노가 폭발해서 식칼을 휘두르는 건 아닌가 하고 조마조마했다고."

"어이가 없네. 내가 아무리 화가 나도 그런 짓을 할 사람이야?"

"알아, 알아. 그냥 농담한 거야. 하지만 솔직히 말하자면 분노에 찬 얼굴로 다른 사람들을 비난하면서 지은 저녁밥을 먹는 건 그리 유쾌한 일은 아니었어. 나야 해주는 밥을 얻어먹는 입장이니 군소리 않고 먹어야겠지만. 그리고 음식 자체는 실제로 맛있고 좋았지만, 마음은 편치 않을 때도 많았단 얘기야."

"……. 알겠어. 앞으로는 그런 소리 안 하도록 조심할게."

"당신한테 조심하라고 한 이야기는 아닌데."

"그래도 당신은 내가 다른 사람을 비난하는 소리도 듣기 싫고 또 그렇게 분노에 차서 만든 밥을 먹는 것도 싫을 거 아니야."

"그거야 물론 싫지. 하지만 그렇다고 해서 꾹꾹 눌러 참기만 하면 스트레스가 쌓여서 좋지 않아. 당신 성격에 스트레스가 쌓이면 뭐든지 또 다른 돌파구를 찾아 폭주하게 될걸. 그거야 말로 내가 제일 원치 않는 일이야."

"그럼 내가 어떻게 했으면 좋겠어?"

"분노나 비난의 원인이 되는 불평이나 불만을 처음부터 갖지 않도록 하면 돼. 악취가 나는 쓰레기통에 뚜껑만 덮어놓아서는 안 되잖아."

"그놈의 쓰레기통 얘긴! 당신 말 이해는 가는데, 진짜 어려운 얘기야. 내가 부처도 아니고 그게 어떻게 가능해? 당신은 돼?"

"다각적이고 다면적인 시각을 갖출 수 있다면 불가능한 일도 아니지."

불평불만이 생길 만한 일이 가득한 이 세상에서 애당초 그런 생각을 하지 않게 되라니. 남편의 말은 참 황당했지만 방법이 있다니 들어볼 수밖에요. 만약 그 말이 일리가 있고 효과가 있다면 적용해서 나쁠 건 없으니까요. 무엇보다 '돈 버는 센스'

에 도움이 된다는데 안 들을 이유가 있을까요. 이렇게 해서 다각적이고 다면적인 시각에 대한 남편의 강의가 이어집니다.

네 번째, 다각적이고 다면적인 시각

✦ '남녀 간 차이'는 새로운 가능성 ✦

경영자형 인재가 되기 위해 최소한 지녀야 하는 네 가지 시각 중 마지막 차례는 '다각적이고 다면적인 시각'입니다. 지금까지 나온 이 네 가지 시각에 대해 깨닫기만 해도 아마 많은 독자 여러분들은 오랫동안 막연하게 느껴왔던, 일에 대한 불만이나 불안을 해소할 수 있는 실마리를 찾을 수 있었을 것입니다. 어찌 보면 당연한 일일지도 모릅니다. 그렇지만 그 당연한 '기본'을 제대로 '실천'하고 있는가에 따라 결과는 크게 달라집니다.

"네 가지 시각 중에서 하나 남았네. 이제 다각적이고 다면적인 시각에 대해 설명해줘. 내가 정말 불평불만을 애당초 안 갖게 될 수 있을지, 들어나 보자."

"좋아! 먼저 다각적이고 다면적인 시각이란 어떤 것일까? 누구나 자신이 처한 입장이나 성장기의 환경 때문에 선입견에 사로잡힌 채 사태를 단정 짓고 마는 경향이 있지. 나에게는 지극히 당연한 일이 다른 사람에게는 당연한 일이 아닌 경우도 자주 있을 거야. 이런 시각은 단편적인 시각이라고 할 수 있어. 하지만 나와는 다른 입장이 있다는 사실을 받아들이고 다른 사람의 입장이 되어보는 자세는 커뮤니케이션의 기본이야. 이게 바로 다각적이고 다면적인 시각이고."

"역지사지, 뭐 그런 건가?"

"응. 사업 아이디어를 떠올릴 때에도 다각적이고 다면적인 시각은 도움이 돼. 구체적으로는 중심축을 바꿔보거나 도입 부분을 달리 해보거나 단위를 바꿔보는 것만으로도 뜻밖의 발견을 하게 될 때가 있어. 이런 식으로 사태를 다방면에서 여러 각도로 바라보는 관점을 다각적이고 다면적인 시각이라고 해. 솔직히 많은 이런 시각을 가진 여성을 볼 기회는 참 드물어. 특히 고지식할 정도로 성실한 사람일수록 그런 경향이 높은 편이고."

"성실한 건 좋은 거 아니야?"

"꾸준히 열심히 한다는 의미의 성실함은 좋은 거지만, 한 치의 어긋남이 없이 그저 배운 대로만 행동하는 성실함이란 좀 다른 의미야. 그건 다각적이고 다면적인 시각과는 좀 거리가 멀지. 학교 선생님이 볼 때에는 아주 훌륭한 학생일 테고, 거품경제가 꺼지기 이전이라면 회사에서도 '우수한 직원'이라고 불렸을지도 몰라. 하지만 지금 변화된 비즈니스 현장에서는 그런 사람은 문제야."

"그러니까 문제아는 남자보다 여자가 더 많다는 거야?"

"한 치의 어긋남도 없이 그저 배운 대로만 행동하는 사람, 다각적이고 다면적인 시각과 거리가 먼 사람은 남자들 중에도 많아. 다만 비율로 보자면 여자가 분명히 더 많을 거야. 남자들은 말이지, 단편적인 시각을 가진 사람은 어렸을 때부터 집단에서 비난받고 배척되는 경향이 있기 때문에 성장해가는 과정에서 사람들과 부대끼면서 다각적이고 다면적인 시각을 익힐 기회가 많아. 다만 무슨 일이건 엄마가 하라는 대로만 하는 마마보이는 예외야. 그런 남자는 거의 백 퍼센트 한 치의 어긋남도 없이 그저 배운 대로만 행동하는 사람일 거야. 다각적이고 다면적인 시각을 갖고 있을 리가 만무하지. 여성화되어버린 남자라고나 할까."

"남자들 중에도 그런 사람이 있구나."

"있는 정도가 아니라 요즘은 점점 많아지는 추세야. 그렇게 여성화된 남성 직원들을 어떻게 활용하면 될지 연구하는 게 기업들의 과제야. 지금까지 여성 인력의 활용에 대한 연구 결과를 축적해놓지 않았으니 여성화된 남자 직원들을 어떤 식으로 교육하면 될지 몰라서 난감해하는 것도 당연하지."

"당신은 그런 직원들하고도 잘 지내는 편이야?"

"무리야. 난 아들만 3형제 중 장남으로 자랐잖아. 하지만 앞으로는 잘 지낼 수 있을 것 같기도 해."

"어떻게?"

"'그들은 정체불명의 아수라백작 같은 존재가 아니라 그저 여성성이 좀 높은 남성일 뿐'이라는 사실을 깨달았으니까. 직장에서 그들을 대할 때는 여직원들에게 하던 방식을 적용하면 될 테고 어떤 업무에 끌어들이고 싶을 때에는 여자들이 비즈니스 현장에서 어떤 부분에 약하고 어떤 부분에 끌리는지에 대한 데이터를 수집해서 갖고 있으면 될 것 같아. 그리고 그런 데이터는 당신을 관찰하기만 해도 충분할 것 같고. 어쨌거나 당신은 뭘 해도 아주 여성적인 발상을 하는 사람이니까."

"전혀 칭찬으로는 들리지 않는데……. 아까부터 당신, 여자들을 너무 무시하는 거 아니야?"

"무시하다니, 절대 아니야. 나는 다만 남녀의 '차이'를 부정하지 않을 뿐이야. 여자가 남자보다 다각적이고 다면적인 시각을 갖기 힘든 경향이 크다고 한 말은 남녀 간의 차이를 말한 것뿐이야. 여자가 남자보다 못하다거나 남자가 여자보다 잘났다거나 하는 의미가 아니라고. 그런 점에 집착하는 거야말로 바로 단편적인 시각이야. **중요한 것은 남녀 간에는 차이가 있다는 사실을 인정하고 그 차이를 단점이 아니라 장점으로 만들기 위해서 어떻게 하면 좋을지 지혜를 모으는 거 아닐까?**"

"인정."

"그러니까 자기가 주로 어떤 점에 약하고 어떤 점에 끌리는지, 여자는 남자에 대해, 남자는 여자에 대해 약점과 강점을 기본 지식으로 알아두는 게 중요하다고 봐. 기본 지식으로 머릿속에 저장해두면 약점을 보완하고 강점은 무기로 삼아서 최대한 활용할 수 있을 테니까."

"당신 말이 맞아. 나는 지금까지 '남녀 간의 차이'라는 말은 '남자가 여자보다 우월하다'는 뜻으로 하는 말이라고 생각했어. 그렇지만 그거야말로 단편적인 시각이었네. 다른 관점에서 바라보면 '남녀 간의 차이'는 '새로운 가능성'이라는 의미가 될 수도 있는 건데."

"나도 그렇게 생각해."

"그럼 지금 당장 기본 지식으로 머릿속에 넣어둘래. 여자가 다각적이고 다면적인 시각을 갖추지 못하면 어떤 점에서 불리할까?"

◆ '성실한 사람'이라는 평가의 이면성 ◆

"내가 자주 느끼는 건데 말이지, 그런 여자들은 남이 하는 말이나 세상일에 대해서 액면 그대로만 받아들이는 경향이 있는 것 같아. 게다가 지나치게 상식에 얽매여 있기도 하고. 예를 들자면 '반드시 이렇게 해야만 한다'거나 '이렇게 해야만 마땅하다'처럼. 나는 직장 일로 사람들을 만날 때 남녀를 불문하고 어떤 사람 입에서 '이러저러하게 해야 마땅하다'는 말이 나오기 시작하면 그 사람과는 조금 거리를 두려고 해. 어쩐지 강박적 사고에 사로잡혀 있는 사람 같아서. 그런 사람은 세상일을 다면적인 시각으로 바라볼 여유를 잃어버린 것처럼 느껴지거든."

"상식을 존중하는 게 비즈니스 세계에서는 안 좋은 거야?"

"물론 상식은 존중되는 게 좋다고 봐. 하지만 상식을 절대적인 규칙이라고 생각해서는 안 되겠지. 상식에 사로잡혀 있다 보면 난관을 돌파해나갈 수가 없어. 거기서 딱 멈춰버리는 거야. 그래서는 일이 잘 풀릴 리 만무하지. 그럴 때는 말이야, 다각적이고 다면적인 시각으로 그 상식을 다시 바라볼 필요가 있어."

예를 들어서 우리가 평소에 자주 입에 올리는 상식이나 도리라는 말은 언제, 그리고 어떠한 배경 아래에서 만들어진 것일까요. 그걸 알면서도 상식이나 도리에 사로잡히는 경우도 있겠지만 언제, 어떻게 만들어진 것인지도 모르면서 '그냥 원래 그런 거니까' 하는 마음으로 상식이나 도리에 얽매여 있는 것이라면, 다소 위험한 상태로 느껴지기도 합니다.

회사 상식, 업계 상식, 사회 상식 등등, 우리가 사는 세상은 정말로 여러 가지 다양한 상식이 존재합니다.

"일본인은 자기 자신을 옭아매는 구조 만들기를 아주 좋아하는 민족 같아."

"당신 말은, 그러니까 기존 상식에 대해 의심을 해보라는 거야?"

"의심을 하라는 건 아니야. 그 상식이 언제, 어떻게 생겨났는지를 먼저 알아보고 나서 그 상식을 좇아갈 것인지 타파할 것인지를 결정하는 게 좋지 않겠느냐, 하는 거지. 세상일이 다 그렇겠지만, 특히 비즈니스의 세계에서 '이것밖에 없다'는 단편적인 시각은 운신의 폭을 좁혀버리는 결과를 낳기 때문에 금기시되고 있어."

듣고 보니 뭔가 비슷한 경우가 꽤 있는 듯합니다.

"예를 들어 우리가 살고 있는 이 시대의 도덕이나 상식이라는 것이 도쿠가와 시대(德川時代. 도쿠가와 이에야스德川家康가 정권을 잡은 1603년부터 1867년까지 약 265년간 이어진 무사 정권 시대. 현재의 도쿄 지방에 해당하는 에도江戸로 수도를 옮겼기 때문에 에도 시대라고도 부름 – 옮긴이)에 만들어진 '게이안의 규범(慶安御触書. 도쿠가와 정권이 농민을 통제하기 위해 만든 조항. 연호로 부르는 게이안 시대가 시작된 이듬해인 1649년에 발령되었기 때문에 이와 같은 이름이 붙었음 – 옮긴이)'에 기초를 두고 있다는 사실을 알고 있었어?"

"'게이안의 규범'이라면 에도 시대에 도쿠카와 막부가 사농공상 중에서 농민에 해당되는 백성을 대상으로 만든 생활 규범 관련 포고령 말이야? 역사 시간에 분명히 배운 것 같아. 나라에 공물을 바치기 위해서 지켜야 할 마음가짐 같은 걸 농민들한테 교육했던 거 맞지? 구체적으로 어떤 내용이었더라?"

"인터넷에서 검색 한번 해볼래?"

이럴 때 인터넷 검색 기능은 정말로 편리합니다. 알고 싶은 사항에 대해 최대한 빠르게 접속할 수 있는 테크닉은 컴퓨터를 다루는 기술 중에서도 중요도가 매우 높은 것으로 알고 있습니다.

"어디보자……. 여기 있다. '일, 백성은 의류에 있어서 옷감은 목면木棉 외에는…… 그리고 안감은……. 옛날 표현이라서

도무지 무슨 뜻인지 모르겠어."

"농민은 목면을 제외한 옷감은 사치스러우니까 입어서는 안
된다는 뜻이야."

"우와, 너무 심한 처사 아니야?"

"'심한 처사'는 그뿐만이 아니야. 소작농은 지주를 부모라고
생각하고 섬길 것. 아침에 일찍 일어나서 풀베기를 하고 낮에
는 논밭을 경작하고 밤에는 새끼줄을 꼬아서 공물로 헌납하
기 위한 쌀가마니를 만드는 생활을 할 것. 백성은 술이나 차를
입에 대지 말 것. 만약의 경우를 대비하여 아주 약간의 재산을
모아둘 것 등등"

"아, 그 이야기 들으니까 이제 생각났다. 수업 시간에 선생
님이 이 포고령 때문에 그 당시 농사를 짓던 사람들은 '일개미
처럼 일하는 농민'이 될 것을 강요받았다고 했던 것 같아."

"도쿠가와 시대가 되기 전까지는 머리가 좋고 운을 잘 타면
농민도 영주가 될 수 있었어. 도요토미 히데요시豐臣秀吉만 해도
오와리(尾張. 일본 지명의 하나. 현재의 아이치愛知 현 서쪽 지방에 해당함 -
옮긴이) 지역 농민 출신이야. 다시 말하자면 직업 선택의 자유
가 어느 정도는 존재했던 거지. 그런데 그 선택의 자유를 없애
려고 한 시도가 도요토미 히데요시가 내린 무기 몰수령(1588년
에 정권을 잡은 도요토미 히데요시가 무사가 아닌 농민들의 무기 소유를 금지

하기 위해 내린 명령 – 옮긴이)이라니 어쩐지 아이러니하네."

"그때부터 마을에는 농민들만 남아 살게 되고 무사들은 마을 밖으로 나가서 살게 되는 병농분리兵農分離 원칙이 만들어진 거래."

"당신, 역사에 대해서 잘 알고 있구나?"

"고등학교 때 역사 선생님 수업을 좋아했었어."

그 당시 역사 선생님의 역사관은 지금도 기억하고 있습니다. 원래 인간의 역사는 욕망의 연속이므로 연대표를 암기하는 것보다는 어떤 인물의 욕망이나 행동이 어떤 사건을 일으켰는지, 그 사건이 다른 사람들에게 어떤 영향을 주었는지, 그래서 그 결과 다른 사람들은 어떤 욕망을 갖게 되고 어떤 행동을 하게 되었는지, 그리고 그 행동은 또 어떤 사건을 일으켰는지, 이런 식으로 인간 욕망의 연쇄 관계를 알게 되면 현재 사회를 읽을 수 있는 힌트를 얻게 된다, 이게 바로 역사 공부의 참된 의의라고 가르쳐주셨습니다.

"좋은 선생님을 만났네. 그런 사고방식은 비즈니스를 하는 사람들에게도 해당될 거야. 사실은 경제나 금융의 미래를 읽을 때에도 바로 그런 식으로 접근해가거든. 그러니까 소위 일류 경영자라는 사람들은 하나같이 역사광인 거지. 그 역사 선생님은 그저 주입식 교육에만 치중하는 교사들과는 달리 진정한 선생님이었던 것 같아."

"진정한 선생님?"

"아마 그분은 지식을 전달하는 것보다는 사회나 세상을 살아가면서 꿈과 목표를 이루는 데 필요한 '스스로 생각하는 힘'을 학생들에게 심어주려고 하셨을 거야. 스스로 생각하는 힘을 키우려면 전제가 되는 지식의 기초, 즉 교양 지식이 있어야만 하니까. 예전에는 그런 교양을 가르쳐주는 사람을 선생님, 그리고 전문 분야에 대해 빠삭하게 알고 있는 사람을 연구자라고 나누어 불렀다고 해. 그런데 당신, 아까 그 '게이안의 규범'에 나온 대로 한번 살아볼 수 있겠어?"

"옛날 사람들한테는 미안하지만 난 절대 싫어."

"그렇지만 현대 사회에서 우리가 말하는 '도리'나 '상식'이라는 게 바로 그 '게이안의 규범'에 있는 내용을 바탕으로 만들어졌다는 생각은 안 들어?"

"듣고 보니 그런 것 같기도 하네. 아, 잠깐만. 그렇다면 우리는 도쿠가와 시대의 지배층이 농민 계층을 '말 잘 듣는 백성'으로 만들기 위해 정한 규칙을 지금까지 끌어안고 있는 거야? 그러면 도리나 상식을 지키는 성실한 사람일수록 지배층 입맛에 맞는 '말 잘 듣는 백성'이 되어버리는 셈이잖아?"

"도리나 상식을 그저 무턱대고 믿는 사람을 '성실'하다고 표현하는 건 옳지 않은 것 같아. 도쿠가와 시대라면 그런 사람을 '성실'하다고 높이 평가했겠지만 말이야."

"결국 지배층 지네 마음대로 좌지우지할 수 있는 사람을 성실한 사람이라고 불러왔던 거네."

◆ 규칙은 내가 만들어 나간다 ◆

"지배층이 피지배층을 길들이려는 목적으로 만든 규칙 중 몇 가지는 오늘날 이 사회에도 뿌리 깊게 남아 있어. 현대인들은 직장에서는 상사를 부모처럼 생각하면서 묵묵히 일하고 나라에 세금을 납부하고 사치를 금기시하면서 차곡차곡 저축을 하지. 윗사람에게 대드는 건 도리에 어긋난 일이고."

"어머, 정말 그러네?"

"적어도 우리 부모님 세대에서는 이런 암묵적인 합의를 지킨다는 전제하에 인생 계획을 세웠어. 아무런 의심도 하지 않고 말이야. 물론 시대적 환경의 변화의 여파를 가장 강하게 받고 있는 40대, 30대, 20대는 그 변화에 맞추어서 인생 계획을 모색하기 시작했고. 하지만 그 암묵적인 합의에서 벗어난다는 건 쉬운 일이 아니야. 마치 주문에 걸린 상태라고나 할까. 그 결과, 현실과 자신의 내부에 있는 가치관이 서로 충돌을 일으키고, '몸과 마음이 지칠 때까지 일을 해야만 성공할 수 있으며 또 그렇지 못하면 성공해서도 안 된다'는 터무니없는 신념에 사로잡히게 돼. 이 나라가 정한 상식이나 도리에 대해 아무런 의심도 품지 않고 그저 따르기만 한다면 '일개미처럼 일하는 농민'이 되는 길로 직행하는 거야."

"나는 있잖아, 예전부터 항상 이해가 안 되는 게 하나 있었어. 왜 이 사회에서는 도리나 상식을 지키는 사람들만 손해를 보게 되는 걸까 하고. 오히려 도리나 상식과는 거리가 먼 사람들이 출세하는 일이 비일비재하잖아. 그러니까 차라리 못된 사람으로 살아가는 게 이 세상을 잘 살아가는 방법이 아닐까 하는 생각마저 들어."

"절대 아냐. 자본주의를 표방하면서도 사실은 사회주의 경제 체제에 가까웠던 80년대까지의 사회라면 모를까, 지금은 세계 대항자본주의 시대야. 게다가 소비자의 시대이기도 하고. 다시 말해서 부가가치를 제공할 수 있는 사람이나 기업만이 부와 기회, 높은 평가를 얻을 수 있어. 이 말을 바꿔 말하면 못된 행동에는 반드시 대가가 따른다는 의미이기도 해. 비리를 은폐하는 기업이 여론의 뭇매를 맞게 되는 최근의 사건을 보면 알잖아? 도리나 상식을 지키는 행동이 잘못된 건 절대 아니야. 내가 하고 싶은 말은 눈앞에 있는 도리나 상식과 같은 관념 및 가치관을 아무런 의심도 없이 '다 맞는 것'이라고 믿고 받아들이는 태도, 세상일을 단편적으로만 바라보는 시각이 문제라는 거야. 그렇게 해서는 세상 사람들에게 부가가치를 제공할 수가 없으니까."

"그럼 뭐든지 다 의심의 눈으로 보라는 거야? 어떤 걸 믿고 어떤 걸 믿지 않아야 하는 건지 혼란스러워. 어쩐지 불안하고."

"그런 얘기가 아니라, '내 눈앞에 보이는 것만이 진실이고 전부'라는 단편적인 고정관념에 빠지지 않도록 한발 물러나서 사태를 바라보는 습관을 들이는 게 좋다는 거야. 예를 들어서 도리나 상식이라면 '우리가 알고 있는 도리나 상식과 다른 것들은 존재하지 않는 걸까?' 하는 생각을 해보는 태도. 여기서 좀 더 다면적인 사고로 확장해보면 '다른 나라에서는 도대체 어떤 도리나 상식이 통하는 걸까?'라든가 '도쿠가와 시대 이전의 도리나 가치관은 어떤 거였을까?'와 같은 의문을 가져볼 수 있겠지. 그 의문을 해결하기 위해 스스로 공부를 하다 보면……"

"공부를 하다 보면?"

"반드시 '자기 자신에게 꼭 맞는 진실의 정답'을 발견하게 돼. 내가 직업상 만났던 경영자형 인재 중 몇 사람이 한결같이 들려준 이야기인데, 그렇게 공부를 계속 하다가 발견한 결론은 '자신의 가치관을 믿어보자'라는 거였대."

"자신의 가치관을 믿어본다……"

"다른 사람의 가치관 따위가 아니라 자기 자신의 감수성이나 사고, 직관과 같은 감각을 스스로 분명하게 정리 분석하고 난 후에 생각하고 판단하겠다는 마음이 강하게 든다고 했어. 결국 '나 자신이 규칙'이라고도 할 수 있지."

"어쩐지 약간 위험하게 들리는데."

"여기서 '나 자신이 규칙'이라는 말은 천상천아 유아독존으로 행동하라는 뜻이 아니니까 오해하면 안 돼. 예를 들어서 어떤 일을 하겠다고 마음을 먹었다거나 어떤 사실을 주장하려고 할 때, 세상 사람들이 그걸 별로 탐탁찮게 생각할 수도 있어. 하지만 '내 입장'에서 볼 때 그 일이 정말 중요하고 절대로 양보할 수는 없는 일이라는 신념이 있다면 다른 사람을 다치게 하거나 죽이는 것처럼 인간의 도리에 어긋난 일이 아닌 한, 도전해볼 만하지 않은가! 이렇게 생각할 수 있게 됐다는 거야."

◆ '꿈'이 '희망'으로 바뀌는 순간 ◆

자기 자신이 바로 규칙이다……. 분명히 매력적이고 든든한 느낌이 드는 말입니다. 하지만 그와 동시에 이 말을 지키기란 매우 어려울 것 같은 느낌이 드는 것도 사실입니다. 그래서 나는 남편에게 좀 더 구체적인 설명을 들어보기로 했습니다.

"'나 자신이 규칙'이라는 말을 지키려면 그 말을 지켜낸 '결과'에 대해 담담하게 받아들이겠다는 각오와 책임감이 필수야. 이 두 가지가 있는 상태에서만 자기 자신이 규칙이 되는 길이 만들어지는 거야."

"그렇다면 각오와 책임감이 부족한 사람들은 자신의 가치관에 따라 살면 안 된다는 거야?"

"각오와 책임감이 없는 상태에서 주장을 해봤자 그건 이기적인 행태일 뿐이야. 그런 이기적인 행태가 통할 만큼 이 사회가 만만하지는 않으니까."

"아아, 정말 여러 가지로 생각이 복잡해지네."

"지금까지 어떻게 살아왔는지를 돌아보게 되지? 그건 좋은 신호야. 뭐든지 남의 탓을 하고 세상에 대해 원망을 돌리는 사고방식, 눈앞에 장애물이 나타났을 때 정면으로 돌파하는 대신에 그냥 뒤돌아서는 태도, 그러면서 왜 나에게는 기회가 오지 않느냐고 불평 늘어놓기, 이러저러한 일을 하고 싶다고 아이디어는 내놓으면서도 막상 행동으로 옮길 용기는 없고…….”

“그래, 딱 지금 내 모습이네.”

“그럴 수 있어. 다만 계속 그러지 않아야 한다는 거지. 왜 당신에게 좋은 기회나 재운이 찾아오지 않는지 그 이유에 대해서 객관적으로 바라볼 수 있게 되면 한 단계 더 성숙해질 거라고 봐. 그거야말로 날마다 짜릿한 즐거움이 가득한 진정한 어른의 세계가 아닐까.”

“하지만 단편적인 시각이라고 할까, 기존의 가치관이나 도리, 상식을 한 치의 흔들림도 없이 굳게 믿으면서 살아가는 쪽이 더 편한 인생 같아. 그러면 자신의 모습을 한 발 물러나서 객관적으로 바라보지 않아도 되니까 언제까지나 꿈을 꾸면서 살아갈 수 있잖아.”

“이루어지지도 않는 꿈…… 계속 꾸고 싶어?”

“아니. 그렇게 말하니 진짜 끔찍하네.”

“꿈만 꾸다 보면 결국 절망에 빠지게 될 거야. 꿈은 말이지, ‘언젠가는 반드시 이루어진다’고 생각할 때 희망으로 바뀌는 거야. 자기 자신의 모습을 한 발 물러서서 객관적으로 바라보는 일은 부끄럽기도 하고 쉬운 일은 아니야. 그래도 지금 나에게 어떤 부분이 부족하고 어떤 것을 갖춰야 하는지 알려면 반드시 그 힘든 과정을 거쳐야만 해. 그러지 않으면 앞으로 어느 쪽으로 가야 하는지 방향을 정할 수가 없잖아. 방향도 정하지 않은 채로 노력만 하는 일은 망망대해 한가운데에서 어디인지도 모르면서 항해하는 것과 마찬가지야. 그래서는 하루하루가 불안해서 못 견딜걸. 꿈을 이루기 위해서 어떤 노력을 해야 하는지 그 방향이 정해졌을 때 비로소 꿈은 우리의 희망이 되는 거야."

"다면적이고 다각적인 시각을 갖추면 생각의 폭을 넓힐 수가 있다. 바로 그 폭넓은 사고를 할 수 있는 능력이 앞으로의 인생을 개척하는 데 필요한 열쇠가 된다. 이렇게 정리하면 되려나?"

"액면 그대로 눈에 보이는 것이나 귀에 들려오는 것만 믿지 않고 내면의 본질을 꿰뚫어볼 수 있게 되면 그제야 비로소 '경영자형 인재'로 거듭나는 거야. 본질을 파악한 후에 생각을 하는 사람과, 표면만 바라보거나 한 가지에만 꽂혀서 편중된 사고를 하는 사람은, 당연히 결과물에서 차이가 나게 돼 있고. 이런 식으로 이 사회는 우는 사람과 웃는 사람의 차이가 생겨나게 되었다는 거야."

"시각이 바뀌면 인생이 바뀐다……. 오케이~ 이해됐어. 고마워, 여보!"

　이야기를 듣다 갑작스레 '번쩍' 하고 생각이 트이는 느낌이 들어 나도 모르게 남편에게 입맞춤을 했습니다. 얼굴이 빨개진 남편이 그날따라 더욱 귀해 보였습니다. 처음에 '돈 버는 센스'를 배우는 수업으로 시작했지만 어쩐지 인생을 배우는 듯한 느낌이었습니다. 누군가 내 삶을 평가하는 것은 싫지만 그동안 행복한 삶을 산 건 아니었기에 지금 이 수업을 통해 나 자신과 직면하는 시간은 참 유익하고 소중하다 여겨졌습니다. 남편이 말했듯 뭐든지 남의 탓을 하고 세상에 대해 원망을 돌리는 사고방식, 눈앞에 장애물이 나타났을 때 정면으로 돌파하는 대신에 그냥 뒤돌아서는 태도, 그러면서 왜 나에게는 기회가 오지 않느냐고 불평 늘어놓기, 이러저러한 일을 하고 싶다고 아이디어는 내놓으면서도 막상 행동으로 옮길 용기는 없는 그런 사람이 바로 나였다는 걸 인정하고 나니 마음이 한결 가벼워졌습니다. 그리고 비로소 남편이 해준 모든 이야기가 하나씩 내 삶으로 들어오기 시작했습니다.

돈 버는 센스를 위해 필수적인 네 가지 시각

1. 장기적으로 미래를 내다보는 시각

10년 후, 20년 후의 나는 어떤 모습일까? 어떤 사람이 되고 싶은
가? 그러기 위해서 지금 내가 하고 있는 일은 어떤 식으로 도움이
될까? 등 장기적인 시각에 입각해서 현재를 바라보는 시각이다.

2. 전체적이고 거시적인 시각

어떤 사건 하나가 사회 전체 속에서 어떤 의미를 갖는가? 내가 지
금 하고 있는, 또는 앞으로 하고자 하는 일이 이 사회라는 공동체
안에서 어떻게 관련되는가? 이런 내용을 보다 넓은 안목에서 하나
의 현상으로 받아들여 파악하는 시각이다.

3. 본질적이고 근본적인 시각

'왜 ○○인가?'라든가 '성공한 비결은 무엇인가?' '실패한 원인은
무엇인가?'처럼, 표면적으로 드러난 사태의 본질적이고 근본적인
이유나 원인을 파악하는 시각이다.

4. 다각적이고 다면적인 시각

나에게는 지극히 당연한 일이 다른 사람에게는 당연한 일이라고
생각하는 대신, 나와는 다른 입장이 있다는 사실을 받아들이고 다
른 사람의 입장이 되어보는 시각이다.

Part 5

운명을 바꾸어준
만남

남편과 '돈 버는 센스'를 키우는 수업을 시작한 후

2년이라는 시간이 흘렀습니다.

2년 전, 빵집 아르바이트 사원이었던 나는

그 후 백화점 향수 매장 판매원을 거쳐

지금은 증권회사에서 영업을 맡고 있습니다.

2년 동안 내 안에서는 크고 작은 변화들이 일어나기 시작했습니다.

그리고 그 변화에 호응이라도 하듯

어느 날 새로운 만남이 찾아왔습니다.

기회는 평등하나 결과는 불평등한 자본주의

남편의 수업을 통해 네 개의 시각을 비롯한 경영자형 인재의 시각에 대한 이야기를 들은 후 나는 의도적으로 내 생활에 그 내용을 적용하기 위해 노력했습니다. 수업을 아무리 열심히 들어도 내 삶에 적용이 되지 않는다면 의미가 없을 테니까요. 그런데 놀랍게도 남편이 말한 시각을 갖추려는 노력을 시작하자, 만나게 되는 사람들이 달라졌습니다. 그러던 어느 날, 내 운명을 송두리째 바꾸어줄 만남이 찾아왔습니다. '돈 버는 센스에 대한 강의'를 들은 후, 약 2년이 지났을 무렵의 일이었습니다.

그날 밤, 나는 친구 유키와 만나서 긴자(銀座. 도쿄 내 지역 이름. 세계적인 패션 브랜드 가게와 백화점 등 쇼핑가로 유명함 - 옮긴이)에서 식사를 하기로 했습니다.

"가끔씩은 사치도 좀 부려보고 살자."

친구의 제안에 따라 우리는 긴자의 고급 중식당으로 향했습니다. 그러나 테이블에 앉을 때까지만 해도 기대에 부풀었던 마음은, 종업원이 가져다준 메뉴판을 펼치는 순간 거짓말처럼 사라져버렸습니다. 가격을 보니 평소에 자주 가던 식당에 비해 동그라미가 하나, 또는 두 개가 더 붙어 있었던 것입니다.

"이 가격, 실화야?"

유키가 눈이 동그래져서 말했습니다.

"헐……."

하지만 정작 더 놀랄 일은 메뉴의 가격표가 아니었습니다. 이렇게 비싼 가격에도 불구하고 식당 안이 손님들로 발 디딜 틈이 없다는 사실. 바로 그것이었습니다.

"세계적인 불황이라고 그러던데 여기는 예외인가 봐. 이 식당만 보면 불황이라는 말을 누가 믿겠어?"

유키도 내 의견에 동감하듯이 주위를 계속 둘러봅니다.

"거품경제가 끝난 직후 주식이나 부동산 가격이 떨어진 이유는 과도한 가격 조정이 이루어졌기 때문이기도 하지만, 인터넷 보급이나 사회주의 체제 붕괴를 계기로 이제 기업들 사이에 글로벌 무한 경쟁이 시작됐기 때문이야."

"기업들 사이에서 글로벌 무한 경쟁이 시작됐다는 건, 기업 간 경쟁이 세계 수준으로 치열해졌다는 뜻이겠지? 이제는 라이벌 기업이 국내에만 있는 게 아니라 미국, 유럽, 중국 등 세계 여기저기에 퍼져 있으니까."

역시 유키는 대기업 임원 비서답게 경제 이야기도 바로 이해하고 적절한 반응을 보입니다. 그리고 유키는 다음과 같은 말을 꺼냈습니다.

"우리 이사님이 그러시는데 일본은 이제 싫건 좋건 '진정한 자본주의 체제'에 들어섰대."

"진정한 자본주의 체제? 기회는 평등하나 결과는 불평등하다는 그거?"

"어머, 증권회사 영업직은 역시 대단한데? 솔직히 말하면, 나는 얼마 전까지만 해도 백화점 향수 매장에서 일한다던 네가 갑자기 증권회사 영업직으로 이직했다고 하기에 '왜 이렇게 메뚜기처럼 왔다 갔다 하는 걸까' 하고 약간 걱정했는데, 야무지게 잘하고 있었네. 이제 좀 마음이 놓인다."

"걱정해줘서 고마워. 그런데 네가 모시는 이사님은 철학적인 분 같다."

"맞아. 그래서 우리 이사님 이야기가 재미있는 거야. 이사님 말씀을 빌리자면 세계무대에 오르기 전의 일본은 사회주의 체제하고 비슷했대. 기회도 평등하고 결과도 평등한 그런 세계 말이야."

"글로벌 무한 경쟁 시대가 돼서야 비로소 자본주의 시스템으로 편입된 셈이네."

"그건 그렇다 쳐도 지금 밖에서는 구조조정을 해야 한다는 둥, 종신고용제 시대는 끝났다는 둥, 연금이 고갈됐다는 둥 하면서 허리띠 졸라매고 난린데, 이 식당은 완전 대호황이네."

"인정하고 싶지는 않지만 이 세상에 소리 없는 변화가 일어나고 있는 느낌이야. 기회는 평등하지만 결과는 불평등한 방향으로, 결국 양극화가 진행되고 있는 것 같아."

들뜬 식당 분위기와는 대조적으로 우리가 앉아 있는 테이블 분위기는 약간 무거워졌습니다. 잠깐의 침묵 끝에 유키가 입을 열었습니다.

"양극화가 어쩔 수 없는 시대적 흐름이라면 말이지, 기왕이면 나는 많은 기회가 주어지고 충분히 보상을 받을 수 있는 쪽에 속했으면 좋겠는데."

"사실…… 나도 그래. 그래서 2년 전쯤부터 작은 수업을 하나 받고 있지. 네가 말한 그런 사람이 되고 싶어서 말이지."

"아, 정말? 그럼 백화점 향수 매장에서 일한 것도, 증권회사에서 영업 일을 하는 것도 단순히 경력 쌓기 위해서가 아니었네? 이제부터 충실하게 네 인생을 살기 위한 전략, 그런 거였어?"

"전략이니 뭐니 하는 그런 거창한 건 아니고. 앞으로 양극화가 피할 수 없는 시대의 대세일 테니까. 그 흐름에 휩쓸리거나 회사만 믿고 있다가 큰 코 다치지 않을 수 있도록 언제 어디서든 내 모습대로, 만족할 만한 인생을 살 수 있는 힘을 키우고 싶었어. 그런 능력만 있다면 어떤 상황에서든지 행복하게 살 수 있을 테니까."

"동감이야. 이렇게 급변하는 세상에서는 아무것도 보장될 수가 없지. 이제 회사만 믿고 살거나 한 가지에만 의지하고 살던 사람들은 분명 살아남기 힘들 거야. 그런데 하필이면 왜 백화점 향수 매장이었어?"

"너 전부터 계속 그걸 묻더라. 그게 그렇게 궁금해?"

"솔직히 그렇잖아. 은행에 다니던 사람이 증권회사로 이직했다면 이해가 되는데, 왜 전혀 다른 업종으로 갔느냐 말이지. 은행에서는 너 대출 업무 담당이었지? 그랬던 네가 어느 날 갑자기 판매직을 한다니, 좀 놀랐어. 뭐 분명 의도한 게 있을 거다 싶긴 했지만. 얘기해봐. 내 인생에도 도움이 좀 될 만한 힌트를 얻을지도 모르잖아?"

역시 내 친구입니다. 그녀가 왜 회사에서 임원들 사이에서 인정받는 비서인지 그 이유를 어렴풋이 알 것 같았습니다. 그래서 나는 그녀에게 내가 왜 판매직을 선택했는지 그 이유를 말해주기로 했습니다.

매출을 두 배로 키워준 경영자형 인재의 시각

남편에게 교육을 받으면서 언제부터인가 내 마음속에서는 '꼭 부자가 되지 않아도 상관없다. 출세하지 못해도 괜찮다. 하지만 그 어떤 변화에도 흔들림 없이 평생 계속할 수 있는 나만의 일을 갖고 싶다'는 생각이 확고해졌습니다. 그렇지만 그 꿈을 이룰 수 있는 방법을 찾지 못해 고민하던 나를 지켜보던 남편이 "조금 더 경험을 쌓아보는 게 어때? 당신은 은행에서 여러 가지 업무를 해봤으니까 그 경험을 살릴 수 있는 일을 해보는 건 어떨까?" 하고 조언해주었습니다.

세계 금융의 흐름을 보자면 그 시기는 마침 자유화가 시작되어 금융업계 간 장벽이 막 허물어지기 시작하던 무렵이었습니다. 간접금융에 해당하는 은행 관련 지식만 가지고서는 부족하다, 직접금융인 증권회사의 현장도 경험해보는 것이 유리하겠다, 아니, 직접금융과 간접금융을 둘 다 알지 못하는 사람은 앞으로 금융인으로서 살아남기 힘들지도 모른다…… 이런 생각 끝에 몇 군데 증권회사에 이력서를 내보았지만 결과는 참담했습니다.

"은행에서 편하게 일하던 사람이 여기서 무슨 일을 하겠다고? 게다가 당신처럼 사무실에서만 일하던 여직원은 온실 속 화초 같아서 증권 영업 일에는 맞지 않아요."라는 말과 함께 문전박대를 당하기 일쑤였습니다. 그래서 영업의 가장 기본인 판매직부터 해봐야겠다고 결심을 하게 되었고 결국 백화점 향수 매장에 지원한 것입니다. 앞으로 어떤 일을 하더라도 '온실 속 화초'라는 인상은 마이너스가 될 게 뻔했으니까요. 판매직이 고된 일이라는 것은 누구나 다 아는 사실입니다. 그래서 판매직 경험은 더더욱 필요했습니다.

나는 평생의 일로 비즈니스 업계에서 계속 일하고 싶었습니다. 비즈니스라고 하면 역시 장사고 판매는 장사의 기본입니다. 불특정 다수의 손님들을 겸손하게 대하면서 그들이 지갑을 열게 만드는 경험은 비즈니스 업계에선 분명 도움이 될 것이었습니다. 지금까지 만나보지 못했던 사람들을 접하는 것역시 나라는 사람의 인간관계의 폭을 넓히고 무엇보다 더 넓은 시야를 갖게 해줄 거라고 믿었던 것입니다.

"그래서 향수 매장에 취직한 거야?"

"응. 그렇게 됐어. 어차피 판매직에 종사할 거라면 내가 좋아하고 관심 있는 물건을 파는 게 아무래도 좋을 것 같아서……."

"하지만 매장 일이라는 게 하루 종일 서 있어야 하잖아. 힘들지 않았어?"

사실을 말하자면 백화점 매장 일은 상상 이상으로 고된 일이었습니다. 7~8센티미터나 되는 하이힐을 신은 채 아침부터 밤까지 딱딱한 대리석 바닥 위에서 서 있어야 하고 항상 미소 띤 얼굴을 하지 않으면 매니저의 불호령이 떨어지므로 그 어떤 기분 나쁜 일이 있거나 진상 고객을 만나게 되더라도 늘 표정 관리를 해야 합니다(소비자는 왕이니까요!). 이렇게 힘든 세상이 존재하는 줄은 미처 몰랐습니다. 그런데 주위의 다른 판매원들을 보면 다들 너무나도 당연히 현실을 받아들이면서 척척 일 처리를 하는 겁니다……. 그녀들의 프로다운 모습과 제품에 대한 풍부한 지식을 옆에서 볼 때마다 지금까지 내가 얼마나 온실 속 화초처럼 살면서 아무 생각 없이 일해왔는지를 깨닫지 않을 수 없었습니다. 그 사실을 깨달은 것만으로도, 너무 힘들어서 아침저녁으로 눈물을 흘리면서 통근한 보람이 있었다고 생각합니다. 그리고 이왕 그렇게 힘들게 고생하는 이상, 이 기회를 살려서 매장에서 실제로 경영자형 인재의 시각을 실천해보고 진짜 돈과 기회가 나에게 찾아오는지를 검증해봐야겠다는 생각이 들었습니다.

"실제로 그 '경영자형 인재의 시각'이라는 건 도움이 됐어?"

"그게 상상했던 것 이상으로 효과가 있더라고. 내가 4월부터 매장에서 일하기 시작했는데 두 달 정도 지나니까 업무가 익숙해졌고 그때부터 백화점을 그만둘 때까지 약 1년 동안 계속 매출이 전년 대비 200%를 넘는 성과를 올렸다니까."

"200% 이상? 매출이 두 배로 뛰었다는 이야기네? 완전 대박인데? 그 경영자형 인재의 시각을 대체 어떻게 활용한 거야?"

"예를 들면 손님들 이야기를 들어줄 때는 본질적이고 근본적인 시각을 사용하는 게 효과적이야. 손님들이 매장에 와서 '좀 산뜻한 느낌의 향수 없을까요?' 하고 물었을 때 대부분은 '산뜻한 느낌'의 향수를 권하지. 하지만 '산뜻한 느낌'이란 건 상당히 주관적인 거라서 만약 백 명의 손님이 '산뜻한 느낌'을 원한다면 거기에는 백 가지의 '산뜻한 느낌'이 있는 거야. 그 백 가지 중에서 어떤 손님 한 명만의 '산뜻한 느낌'이 뭔지를 찾아낸다는 건 거의 불가능에 가까울지도 몰라. 현실적으로는 무리지.

거기서 '이 손님은 왜 산뜻한 느낌의 향수를 원하는 걸까' 하는 본질적이고 근본적인 면에서부터 접근을 해보는 거야. 예를 들면 자연스럽게 세상 돌아가는 이야기를 해본다거나. 그러면 '산뜻한 느낌의 향수를 원한다'는 말에 숨겨진, 그 손님이 필요로 하는 부분이 보여. 그 부족한 부분을 채워줄 수 있는 향수를 추천해드리면 손님은 만족할 수 있겠지.

재미있는 건 말이야, 손님 자신도 자기 마음에 부족한 부분이 무엇이며 본인이 뭘 원하고 있었는지를 잘 모르는 경우가 많기 때문에 물건을 구입하고 나서는 아주 흡족한 표정을 지으면서 매장을 나가. 그러고는 친구나 가족들에게 우리 매장을 소개해주지. 그래서 그 친구나 가족 분들이 우리 매장을 찾아 왔을 때 똑같은 방법으로 흡족한 기분이 들게 해드리면 꼬리에 꼬리를 물고 계속 손님들이 찾아오게 되는 거야."

"와우……! 그런 방법을 써서 매출을 올린 거였구나. 회사에서도 상당히 놀랐겠는데."

"물론이지. 여러 가지로 성공의 이유를 조사해서 그 비결을 사내에서 공유하려고 했던 것 같은데 아마 그게 잘 되지는 않았나 봐. 내가 매출을 두 배로 올릴 수 있었던 이유는 경영자형 인재의 시각을 갖고 일을 했다는 거 하나뿐이지만 그 경영 자형 인재의 시각을 언어 표현으로 만들어서 공유 가능한 정보로 만드는 일은 쉬운 일이 아니었겠지."

"그렇게 공유화된 정보야말로 기업 측에서 가장 원하는 거야."

"그래?"

"기업에서 실시하는 인재 교육의 방향이 많이 바뀐 것 같더라고."

"너는 정말 뭐든 잘 아는구나."

"나는 다른 사람들 말에 안테나를 세우고 듣는 게 취미라서 말이야. 임원진 비서로 발령이 났을 때는 솔직히 꽤나 충격받았어."

"유키 너는 인사부에 가고 싶어 했었지."

"그래서 사표를 낼까 하는 생각도 했어. 하지만 가만히 생각해보니까 비서가 되면 남녀노소를 불문하고 많은 사람들을 만나서 여러 가지 이야기를 들을 수 있겠더라고. 그 자리가 꽃방석 같은 건 아니겠지만 나 스스로를 성장시킬 수 있는 그런 기회를 그냥 날려버리는 것도 좀 아깝다는 생각이 들었어. 요즘은 일이 너무너무 재미있어. 희한하게도 그렇게 마음을 바꾸니까 일 잘하는 직원이라는 평가도 받게 되고."

"그게 바로 경영자형 인재의 발상이야! '현실을 부정하지 않고 받아들인다. 그 후 그 현실 속에서 본인이 이익을 얻기 위해서 어떻게 하면 될지를 고민한다.' 이것도 경영자형 인재의 사고방식 중 하나거든."

"아아, 그래?"

"경영자형 인재의 시각을 갖추게 되면 죽어라고 일만 하지 않아도 직장에서 좋은 평가를 받게 된다고 하던데 유키 네 이야기를 들으니 그 말이 사실이었네."

경영자형 인재의 시각을 다방면으로 활용하라

"고맙다. 어쩐지 기분 좋은데? 그런데 마호, 증권 영업 일은 어때? 향수 판매랑 달라서 주식이나 증권신탁 같은 건 다루는 돈의 자릿수도 완전히 다를 텐데. 힘들지 않아?"

"실은 나도 걱정 많이 했는데 완전히 기우였던 것 같아. 아, 맞다. 이것 좀 볼래?"

나는 가방에서 지름 10센티미터 정도 되는 금메달을 꺼냈습니다.

"웬 메달이야?"

"상당히 조잡하게 만들어졌지? 그래도 나한테는 올림픽 금메달이나 마찬가지야. 메달 뒤에 뭐라고 쓰여 있는지 한번 읽어봐."

"어디 보자……. 최고의 어드바이저 상? 아, 알았다! 이 메달, 영업실적 우수자에게 회사에서 주는 거지?"

"딩동댕~!"

"너 정말 대단하다. 이직한 지 겨우 반년밖에 안 됐잖아? 게다가 네가 증권회사에 들어갔을 때 기존 고객들은 다 다른 곳으로 떠나버려서 완전히 처음부터 새로 시작해야 한다고 하지 않았어?"

"나도 실감은 잘 안 나는데, 회사 사람들도 다들 못 믿겠다는 눈치야."

"그것도 경영자형 인재의 시각이 이루어낸 쾌거야?"

"그렇다고 할 수 있지. 경영자형 인재의 시각에 대해 배우기 시작했을 때 경영자형 인재의 시각을 여러 분야에 활용할 수도 있다는 말을 들었어. 그땐 반신반의했지만 역시 맞는 말이었어. 덕분에 올 연말 보너스는 1천만 원 이상이 될 거라고 지점장님이 귀띔하더군."

"빵집에서 아르바이트하며 매일 불평불만만 늘어놓던 마호가 증권회사 영업왕이 되다니……."

"지금 비꼬는 거 아니지?"

"야, 당연히 아니지. 나도 기쁜데? 만날 때마다 늘 부정적인 이야기만 하는 사람보다는 요즘 이런 일을 하는데 이렇게 저렇게 좋은 결과가 나왔고, 새로 이런저런 발견을 했다는 밝은 이야기를 하는 사람이 얼마나 좋니!! 귀한 시간 쪼개서 만나는데 기왕이면 서로 자극을 줄 수 있는 사람을 만나는 게 보람 있잖아. 그런 친구들은 하나둘씩 줄어드는데 마호 네가 이렇게 잘 나가니까 나도 진짜 든든하고 좋아."

"유키……. 정말 고마워."

여자들끼리의 우정을 곱씹으면서 나는 남편이 했던 말을 떠올렸습니다. 남편은 나에게 경영자형 인재로 다시 태어나는 훈련을 받으면 돈 버는 센스만 생기는 것이 아니라 내가 원하는 이상적인 인생을 꾸려갈 수도 있다고 했었습니다. 내가 원하는 이상적인 인생이라……. 그건 보람을 느낄 수 있는 일을 하면서 충분한 수입을 올리고 친구나 가족들로부터 사랑을 듬뿍 받으며 아름답게 자기 자신을 만들어가는……. 그리고 몇 살이 되더라도 생기 있게 반짝거린다는 말을 사랑하는 이로부터 들을 수 있는 인생. 돈 버는 센스 수업을 받기 시작한 지 어언 2년, 조금씩이긴 하지만 '내 나름대로의' 이상적인 인생을 꾸려갈 수 있다는 사실이 요즘 들어서 실감납니다.

나의 미래에 대해 눈을 뜨다

"그런데 마호. 앞으로도 계속 증권회사에서 일할 거야?

금메달을 만지작거리면서 유키가 물었습니다.

"응? 글쎄, 가능하면 외국계 증권회사로 이직해볼까 싶은 마음도 있어."

"외국계? 마호, 너 영어 잘 못하잖아?"

"그러게. 하지만 외국계 회사라도 영업은 어학능력이 아주 뛰어날 필요는 없나 봐."

"외국계 회사에 가면, 그 다음에는 어떻게 할 거야?

"이제 몇 년만 더 있으면 분명히 국내 은행 창구에서도 투자신탁 판매를 시작하게 될 거야. 그리고 초기에는 투자신탁에 대해 제대로 교육을 받은 판매담당자가 턱없이 부족할 테고. 그렇게 되면 은행은 경력직으로 사람을 뽑으려 하겠지? 그게 내 최종 목표야."

"은행 창구에서 투자신탁을 판매하는 게 최종 목표라고? 어쩐지 좀 김이 빠지는 느낌이네."

"전에도 말했지만 내가 원하는 건 출세하거나 큰 부자가 되는 게 아니라 보람 있는 일을 평생 하며 사는 거야. 주식이나 투자신탁 판매는 전문적인 일이야. 게다가 큰 금액을 다루기 때문에 나이가 많은 직원이 더 신뢰감을 줄 수 있어. 나이가 많을수록 우대받는 직종이 그렇게 흔한 건 아니잖아?"

"듣고 보니 그렇기는 하네. 하지만 그게 정말 네가 원하는 이상적인 삶이야?"

"응?"

"너는 다른 사람에게 뭔가를 전달하거나 가르쳐주는 일을 좋아하지 않았나."

"내가 그랬었나?"

"그랬어. 너는 갑자기 '맛있는 케이크 가게를 발견했어~!' 하면서 일부러 그 케이크를 나한테 사다주거나 그러잖아. 나 같으면 '그런 맛있는 가게는 나 혼자만 알고 있어야지' 하고 생각했을 거야. 그건 네가 다른 사람에게 뭔가를 알려주는 걸 좋아한다는 증거야. 그래서 향수나 금융상품을 판매하는 일에 도 잘 맞았던 거고."

"……그런가?"

내가 알려주는 것을 좋아한다? 여기에 대해 골똘히 생각해 본 적은 없었습니다. 하지만 오랫동안 곁에서 나를 지켜봐오 던 친구가 내게 하는 말이라 어쩐지 '그런가?' 하고 생각이 들 기도 했습니다.

"향수든 금융상품이든, 우리 일상에 필수적인 건 아니잖아.

사람들은 사용법도 잘 모르는 물건을 굳이 돈까지 내면서 사야겠다는 마음을 잘 먹지 않아. 향수 판매나 금융상품 판매도 마찬가지야. 그러니까 내 말은, 어려운 말을 쉽게 풀어서 알기 쉽고 재미있게 가르쳐줄 수 있는 사람이 파는 물건을 사람들이 많이 산다는 거야. 다른 사람에게 뭔가를 가르쳐주는 걸 좋아하는 네 성격에 판매직이 딱 맞았던 거지. 마호, 너 향수를 팔거나 금융상품 영업을 할 때 '어떤 일이 있어도 팔고야 말겠다!' 이런 생각해본 적은 없지?"

"응, 없어. 네 말대로 향수든 금융상품이든 손님들에게 뭔가를 설명할 때 기분이 좋았던 건 맞지만."

"거 봐. 사람들에게 지식을 전달하는 것을 좋아하는 네 그런 성격을 좀 더 살릴 수 있는 일을 찾아보는 게 어때?"

"……"

"네 목표에 찬물을 끼얹을 마음은 없어. 하지만 개성을 살릴 수 있는 일을 하는 게 더 열심히 일할 수도 있고 더 오랫동안 일할 수 있는 게 아닌가 싶어서 하는 말이야."

친구가 강하게 이야기를 건네자 문득 내가 '가르치는 일'을 좋아한다는 사실이 확연히 느껴졌습니다. 생각해보면 어려운 걸 알기 쉽게 풀어서 설명하고, 상대방이 재미있게 듣고 이해할 수 있도록 가르칠 때면 참 보람이 있다고 느꼈습니다. 지금까지 좋아하는 일을 하고 싶어서 그토록 노력했지만 또렷이 잡히지 않는다고 생각했는데, 유키가 하는 말을 정면에서 듣고 있으니 수면 위로 뭔가 올라오듯 분명해지는 것입니다. 그 전까지 이 사실을 미처 깨닫지 못했단 사실이 신기할 정도로 말이죠. 친구는 자신의 생각을 더욱 강하게 밀어붙였습니다.

"가령 경영자형 인재로 다시 태어나기 위해서 받은 교육 내용을, 예전의 너처럼 '꿈과 희망이 있지만 뭘 해도 그게 그거'라고 생각하고 있는 사람들에게 전파하는 건 어떨까?"

"어머, 얘. 그건 무리야. 그런 걸 배우고 싶어 하는 사람이 과연 있겠어? 수강생도 없을 텐데, 그래서는 돈이 안 되잖아."

"그런가? 나는 수업료를 지불하고서라도 배우고 싶은데. 그리고 배우려는 사람들이 있든 없든 가르쳐주고 싶고 지식을 전달하고 싶다는 마음이 있다면 마음의 소리를 따라가야 하지 않을까?"

그 순간, 갑자기 눈앞이 환해졌습니다. 귓가에는 아무 소리도 들리지 않고, 잠시 후 호흡이 멈추는가 싶더니 마음속 어딘가에서 작은 불빛 하나가 켜지는 느낌이 들었습니다. 하지만 그 불빛은 이내 꺼지고 눈앞의 환한 광경도 원래 모습으로 되돌아왔습니다.

"왜 그래? 내가 너무 오지랖을 부렸나?"

유키가 걱정스러운 얼굴로 내 표정을 살핍니다.

"아니야, 그런 거."

조금 전의 그 느낌은 대체 뭐지?

'이유 없는 반감'의 이유

"아니, 스기우라杉浦 씨. 금메달 들고 지금 뭐해? 어디 마라톤 대회라도 나갔다 왔나?"

갑자기 뒤에서 유키에게 말을 건네는 남자가 등장했습니다.

"어머, 시마島 선생님. 안녕하세요. 어쩐 일로 여기까지 오셨어요?"

돌아보니 세 명의 남자들이 서 있었습니다. 한 명은 40대 후반, 나머지 두 명은 30대 중반과 50대를 갓 넘긴 듯 보였습니다. 유키에게 말을 걸었던 시마 선생님이라는 사람은 40대 후반의 중년 남자였습니다.

"오늘 이 근처에서 미팅이 있어서 말이지. 옆에 있는 이 친구들이 물어 온 건데 아마 계약이 성사될 것 같아. 그래서 감사의 뜻으로 이 친구들에게 한 턱 내려고 여기 데려왔는데 자네가 딱 하고 들어오지 않겠나. 깜짝 놀랐지 뭐야. 그런데 그

금메달은 대체 어디서 났어?"

"아아, 이거요. 제 거 아니에요. 옆에 있는 제 친구 거예요. 괜찮으시다면 제 친구 소개해드릴까요?"

"그거 좋지."

"이쪽은 제 친구 시부이 마호예요. 마호, 이쪽은 시마 선생님이야. 경영 컨설턴트시고 우리 회사 일을 많이 도와주고 계셔."

"처음 뵙겠습니다. 시부이 마호라고 해요."

"아아, 반가워요. 시마 하루히코島治彦입니다. 그리고 이쪽은 내 영업을 맡고 있는 컨설팅 회사의 무라카미村上와 스즈키鈴木예요."

이 만남이 내 인생을 바꾸는 운명의 만남이 될 거라는 것을 그 순간에는 전혀 알지 못했습니다.

"그런데 아까부터 이야기만 계속 하고 아직 주문도 안 하던데, 혹시 메뉴판 보고 기절초풍하기라도 한 건가?"

헉. 유키와 나는 서로 얼굴을 마주 보았습니다.

"괜찮으면 우리 테이블에서 같이 식사하는 건 어떤가? 실례를 무릅쓰고 말하자면 이 식당은 자네들이 마음 편하게 즐기기에는 좀 가격이 세잖아? 모처럼 이렇게 만났으니 오늘은 내가 대접하지."

갑작스런 제안에 어찌할 줄 몰라 당황해하는 우리를 곁눈으로 보면서 시마 씨는 웨이터를 불렀습니다.

"여기, 테이블 세팅 좀 해주시겠어요?"

당황한 나는 유키에게 살짝 물었습니다.

"유키, 어떻게 할 거야?"

"시마 선생님은 매스컴에 이름이 오르내리는 걸 별로 좋아하지 않아서 잘 모르는 사람도 많겠지만 업계에서는 내로라하는 경영 컨설턴트 중 한 명이야."

"내로라하는 경영 컨설턴트답게 추진력도 대단한데?"

"그렇지? 마호. 이럴 때 경영자형 인재라면 어떻게 대처할까?"

"'우물쭈물하지 말고 현실을 받아들여야 한다'고 배웠어."

"그래? 그렇다면 '마침 잘 됐다~' 하고 그냥 얻어먹지 뭐."

그렇게 해서 생각지도 않았던 만찬 모임이 열리게 되었습니다. 일류 요리사가 만든 진수성찬에 향긋한 술, 세련된 매너의 서비스, 화려한 인테리어, 무엇 하나 흠잡을 데 없는 꿈같은 시간을 보냈……다면 좋겠지만 단 하나, 생각지도 못했던 복병이 숨어 있었습니다. 그것은 바로 시마 씨의 입에서 나오는 말이었습니다.

"선생님께서는 많은 기업을 상대로 컨설팅을 해주고 계시죠? 지금 일본 기업들은 활력이 없으니까 아무래도 컨설턴트에게도 큰 기대를 걸고 있겠네요?"

거의 립 서비스 차원에서 시마 씨에게 유키가 조심스럽게 질문을 던졌더니 다음과 같은 답변이 돌아왔습니다.

"컨설턴트가 아무리 열심히 뛰어봤자, 직원들이 무기력하면 아무 소용없다네. 하여간 다들 의지박약이라니까. 어느 기업에 가 봐도 다 똑같아. 내가 아무리 이런저런 조언을 해줘도 무기력하고 한심한 작자들만 있으면 효과는 제로야, 제로."

"하지만 선생님에게서 컨설팅을 받으면 그 사람들도 달라지지 않을까요?"

"그건 무리야. 인간에게는 수준 차이라는 게 있으니까. 나를 좋게 봐주는 건 고맙지만 수준이 낮은 인간은 무슨 수를 써도 바꿀 수가 없어. 오늘도 어떤 기업 CEO한테 한바탕 퍼부었지. 아무리 말을 해도 변하지 않는, 구제불능형 인간부터 잘라버리는 게 회사를 살리는 가장 좋은 방법이라고."

"역시 선생님은 대단하군요. 불경기 속에서 많은 경영 컨설턴트가 갈 곳이 없어지거나 연봉 삭감을 당할 위기에 처해 있는데, 선생님처럼 여전히 잘 나가는 분은 그렇게 센 발언을 하셔도 되니까요."

다들 고개를 끄덕이는 분위기가 됩니다.

시마 씨는 잘 나가는 경영 컨설턴트로 경제적으로도 아주 윤택해 보입니다. 짬짬이 부인 되시는 분의 미모 자랑을 은근히 내비치는 것으로 보아 아마 가정생활도 원만한 듯합니다. 즉, '사회적으로 성공을 거두었다'는 말이 가장 잘 어울리는 사람 중 하나인 것입니다. 그런 사람이 하는 말이다 보니 주위 사람들은 다소곳한 태도로 앉아 조용히 이야기에 귀를 기울입니다. 그렇지만 나는 시마 씨의 이야기를 듣다가 어딘가 약간 마음에 걸리는 부분이 있다는 것을 깨달았습니다. 아니, 반감이 들었다는 게 맞는 표현일 것 같습니다.

'이 사람은 이유 없이 좀 마음에 안 드네.'

이것이 내가 그를 처음 만난 날 받은 느낌이었습니다. 한번 그렇게 보기 시작하자 그 후로는 시마 씨의 일거수일투족이 다 눈에 거슬리고 나도 모르게 흠 잡을 곳을 찾기만 하게 됩니다. 그 순간 갑자기 남편의 목소리가 들려왔습니다.

"본질적이고 근본적인 시각을 잊어서는 안 돼. 설령 싫다는 감정이 들더라도 그 감정에 휩쓸리지 말고 '왜' 내가 이 사람에 대해 싫은 감정이 드는지 그 이유를 본질적이고 근본적인 시각에 따라 파악하려고 하는 게 경영자형 인재의 모습이야. 이유를 이해하려고 노력하다 보면 당신 안에 잠재되어 있는 가치관이나 문제의식이 선명하게 드러나면서 앞으로 어떻게 해야 할지 그 방향성이 보일 거야."

아니, 여기서 왜 남편 목소리가 들리는 거지? 텔레파시라도 쓰는 걸까? 혹시 남편에게 멀리서 내 생각을 다 읽어내는 능력이 있는 걸까? 이런 쓸데없는 생각을 떨치려고 노력하는 한편, 들려오는 환청에 따라서 '왜' 내가 시마 씨에 대해 이런 거부감이 드는 건지, 디저트로 나온 '상어 지느러미와 제비집 코코넛 밀크'를 먹으면서 분석해보기로 했습니다. 생각해보면 시마 씨의 존재는 그저 거기에 '있을' 뿐입니다. 그저 그 자리에 '있을' 뿐인 사람에 대해 좋다거나 싫다거나 하는 판단을 하는 주체는 다름 아닌 나 자신입니다. 그 결과 내가 그 사람을 싫어한다는 결론을 내려봤자 시마 씨에게는 아무런 변화도 생기지 않습니다. 역시 그 사람을 나쁘게 생각하기보다는 그 사람에게 내가 왜 불편함을 느끼는지 나 자신에 대해 분석하는 것이 이치에 맞는 것 같습니다.

내가 결코 양보할 수 없었던 것

거기까지 생각이 미치자 시마 씨가 하는 말이 제대로 귀에 들어오기 시작했습니다.

"그 사람들은 말이지, 내가 하는 말의 절반도 이해를 못 해. 뭐, 후하게 쳐서 3분의 2정도 이해할 수 있다면 상당히 머리가 좋다고 인정해줄 수도 있고. 하지만 그런 직원은 가뭄에 콩 날 정도야. 대부분은 다 엉터리야, 엉터리."

그 말을 들은 순간, 나는 내 안에 잠재되어 있던 '결코 양보할 수 없는 그 무언가'의 존재를 깨달았습니다. 이것을 가치관이라고 부르거나 문제의식이라고 정의를 내리는 사람이 있을지도 모릅니다. 그 '결코 양보할 수 없는 그 무언가' 때문에 시마 씨에 대해 그렇게 불편한 마음이 들었던 것입니다. 그리고 그 '결코 양보할 수 없는 그 무언가'가 내 의식에 빛을 비춘 순간, 그 무언가는 언어적 메시지가 되어 입 밖으로 튀어나왔습니다.

"선생님은 아까부터 선생님이 컨설팅해주고 있는 회사의 직원들을 엉터리라고 말씀하시는데요, 그건 경영 컨설턴트로서는 해서는 안 되는 발언 아닌가요?"

아차, 내가 지금 무슨 소리를 하는 거야? 싸늘한 분위기가 바늘이 되어 내 살갗에 일제히 꽂히는 느낌이었습니다. 하지만 이미 늦었습니다. 내 의식 속에 잠재되어 있던 '생각'이 봇물 터지듯이 계속 흘러나왔으니까요.

"지금 자타가 공인하는 일류 컨설턴트인 나를 인정 못하겠다는 건가?"

"그런 건 아니에요. 하지만 선생님의 발언은 경영의 본질에서 벗어났다고 생각합니다."

"호오, 그래요? 경영에 대해 잘 알고 있는 모양이구만."

"경영이란 사람, 물건, 자금, 기술 등 기업이 갖고 있는 경영 자원을 활용해서 높은 부가가치를 만들어내는 시스템을 갖추고 나아가 그 시스템을 유지 관리하고 또 계속해서 가동해서 이익을 창출하는 일련의 과정이라고 알고 있습니다. 가령 모든 자원이 최고 수준이라면 최고의 이익을 구현하는 기업이 탄생할 수도 있겠지요. 하지만 최고 수준의 자원을 추구하는 것이 경영이라고는 생각하지 않습니다. 처음부터 기업이 보유하고 있는 자원이 모두 최고 수준이라는 건 현실성 없는 이야기니까요. 그렇기 때문에 우리 회사가 현재 갖고 있는 경영 자원을 어떻게 효과적으로 최대한 활용할 수 있을까, 그게 바로 경영이 지향해야 할 목표라고 봅니다.

경영은 요리하고도 비슷합니다. 지금 부엌에 있는 재료를 사용해서 얼마나 최대한 맛있는 요리를 만들어낼 수 있을까? 그걸 목표로 달리는 거죠. 이를 위해서는 요리하는 사람의 감각이나 통찰력, 그리고 무엇보다도 재료에 대한 애정과 믿음이 꼭 필요합니다. 그렇게 보면 경영 컨설턴트라는 직업은 총주방장(경영자)이 맛있는 요리(부가가치)를 만들 수 있도록 지원하는 부주방장이라고도 할 수 있습니다.

한 가지 질문을 드리고 싶은데요. 재료에 애정이나 믿음을 갖지 않는 주방장과 부주방장이 맛있는 요리를 만들어낼 수 있을까요? 내가 갖고 있는 재료를 부정해버리면 요리 자체가 성립되지 않을 것 같은데요. 그렇다면 재료들이 너무 가엾다는 생각이 들어요."

"그렇게 볼 수도 있겠지만 그 재료들이 이미 다 썩어가고 있는 상황이라면 어떤가? 방법이 없지 않은가. 썩은 사과는 빨리 버려야지, 안 그러면 다른 사과들도 다 썩어버리는 법이야."

"선생님이 말씀하시는 무기력한 사람들은 결코 썩은 사과도 아니고, 의지박약도 아니라고 생각합니다."

"그럼 그들은 왜 그렇게 무기력한 걸까? 또 왜 그렇게 반응도 느리고?"

"그 사람들은 선생님의 컨설팅 내용을 소화할 만한 기본 소양이 없는 거예요."

"기본 소양?"

"그 사람들은 병이 든 상태예요. 그것도 영양실조에 걸린 환자인 거죠. 그런데 선생님의 컨설팅은 아주 강도가 높은 수준의 약품입니다. 영양실조에 걸려서 체력이 바닥까지 떨어진 상태의 환자에게 그렇게 강도 높은 주사제를 연속해서 몇 병씩 처방하면 어떻게 될까요? 무라카미 씨라고 하셨죠? 어떻게 생각하세요?"

"네? 왜 갑자기 나한테 질문을? 글쎄요, 쇼크가 와서 사망할지도 모르겠네요."

"사망까지는 가지 않더라도 결코 몸에는 좋지 않을 거예요. 아니, 건강을 더 해칠 수도 있고요."

"아니 그러니까 지금 내 컨설팅이 회사를 망치고 있다는 이야긴가?"

"적어도 직원들에 대해서는 그렇다고도 볼 수 있겠지요."

"……."

기본 소양이 없으면 성공하기 어렵다

한 번 터진 말은 방언처럼 쏟아져 나왔습니다. 하지만 결코 멈출 수가 없었습니다. 뒷일은 어찌되든 이렇게 의견을 소신 있게 말하는 것이 나의 '반감'에 대해 스스로 책임질 수 있는 방법이라 생각했습니다. 다소 당황하긴 했지만 시마 씨도, 또

210

함께 자리에 있던 사람들도 내 이야기에 호기심을 갖기 시작한 듯했습니다. 물론 그걸 세세하게 챙길 정신은 없었지만, 일단 시작한 이야기는 계속해야겠다고 생각했습니다.

"하지만 그 상태를 바꿀 수 있는 방법도 있습니다."

"그래? 어떻게 하면 바꿀 수 있나?"

"우선 영양실조에 걸려 있는 환자들의 체력을 회복시키는 겁니다."

"어떤 방법으로?"

"아까 선생님은 선생님 이야기를 제대로 이해하는 직원이 거의 없다고 하셨어요. 그러면 이해할 수 있는 직원과 이해를 잘 못하는 직원의 차이는 무엇일까요?"

"계속해보게."

"아마도 그건 비즈니스 업계에 종사하는 사람으로서 기본 소양이 있느냐 없느냐일 것입니다."

"기본 소양이 있는지 없는지 여부라. 구체적으로 어떤 소양을 말하나?"

"구체적으로는 크게 네 가지로 나눠볼 수 있습니다. 그 네 가지란 '경영자형 인재로서 바라보는 시각' '경제적 분석력' '경제적 전달력' 그리고 '일에 대한 자신만의 철학'입니다."

"그 네 가지에 대해서 좀 더 자세하게 들어볼까."

"좋습니다."

그래서 나는 비즈니스 업계에 종사하는 사람이 갖추어야 할 기본 소양, 다시 말해서 경영자형 인재가 다시 태어나기 위해서 갖추어야 하는 필수 요소 네 가지에 대하여 쭉 설명을 했습니다. 남편으로부터 질리도록 듣고, 뼈저리게 새기고, 눈물 흘리며 내 일에 적용했기에 충분히 설명할 수 있었습니다.

"그러니까 지금 그 이야기는 비즈니스 업계에서 일하는 사람에게 필요한 기본 소양이 없으면 아무리 수준 높은 전략이나 테크닉을 가르쳐줘도 제대로 활용을 못 한다, 그건가?"

"아마 처음에는 활용해보려고 노력할 거예요. 하지만 기본 소양이 없기 때문에 당연히 실패로 끝나게 됩니다. 그러다 보면 자신감을 잃어버리게 되고 결국 무기력한 인간이라는 낙인이 찍혀버리게 되는 거죠. 그 사람들에게 진짜로 필요한 교육은 비즈니스 업계에서 일하는 사람으로서 갖춰야 할 기본 소양이에요. 그리고 그 기본 소양 교육을 착실하게 받은 사람이라면 시마 씨의 컨설팅 효과도 제대로 발휘될 겁니다."

"으음……."

시마 씨는 더 이상 아무 말도 하지 않았습니다.

잠시 후, 눈이 튀어나올 정도로 비싼 금액이 청구된 계산서에 서명을 할 때에도 시마 씨는 아무 말도 하지 않았습니다. 내가 잘한 건지 알 수 없지만 적어도 내 속은 후련했습니다. 하지만 어쩐지 유키에게는 미안해서 사과를 해야 했습니다.

"나 때문에 기분이 엄청 상하신 것 같아. 유키, 미안해. 너는 앞으로도 저분이랑 계속 얼굴을 봐야 할 텐데 괜히 네 입장만 난처하게 만들었나 봐."

"아니야, 괜찮아. 저래 보여도 선생님은 프로야. 오늘 밤 아무리 불쾌한 일이 있었다 해도 개인적 감정을 비즈니스 현장까지 끌고 오는 행동은 절대로 안 하는 성격이야."

"정말 그랬으면 좋겠다……."

진짜 고수는 체면보다 실리를 추구한다

유키의 말은 사실이었습니다.

맛있게 먹었다고 감사의 인사를 하고 뒤로 돌아서서 지하철역을 향해서 몇 걸음을 내딛었을 때였습니다.

"잠깐!!"

시마 씨가 숨이 턱에 차서 나를 쫓아왔습니다.

"고맙다는 인사를 하고 싶네만."

"네?"

"오늘 참 많은 걸 배웠어요. 어떻게 들릴지 모르겠지만 이래 봬도 나는 자부심을 갖고 경영 컨설턴트로서 일하고 있는 사람이야. 내 컨설팅 스타일은 어떻게 돈을 벌어들이느냐, 그거 하나지. 그리고 글로벌 무한경쟁 시대가 열린 이상, 기업이 수익을 올리기 위해서는 지금까지 쌓아온 성공 체험의 연장선에서만 방법을 찾아서는 안 돼. 경영에 있어서나 생산관리에 있어서나, 그리고 기업 활동에 종사하는 직원들에 대한 교육마저도 모든 분야에서 패러다임(가치관)을 전환해야 할 필요가 있어. 자네 생각에는 그중에서 가장 시급하게 패러다임을 전환해야 하는 분야가 뭐라고 보나?"

"돈 버는 센스를 갖춘 인재를 육성하는 거예요."

"이유는?"

"글로벌 무한경쟁 시대를 저는 '글로벌 비즈니스의 K1 무대'라고 부릅니다. 이 싸움에서 이기려면 가격을 낮춰서 도전해오는 상황에서도 흔들리지 않는 부가가치를 무기로 삼아야만 해요. 그러려면 그저 수익을 올리겠다는 것보다는 우리 회사의 특징을 부각시키고 독창성을 가진 개발력이나 기획력을 갖추어야 합니다. 안타깝게도 이제는 '시키는 일만 착실하게 하는 것'이라든가 '눈앞에 닥친 문제를 해결하는 것'만 잘하는 직원들에게는 이 같은 능력을 기대하기 어렵습니다. 그런데 국내 기업들은 규모를 막론하고 어느 회사나 그런 사람들로 넘쳐납니다. 그런 사람들은 환경이 바뀌면 지금까지 해왔던 안온한 생활을 유지할 수가 없게 돼요. 그 결과 극도의 자신감 상실, 또는 거꾸로 자신감 과잉 상태에 빠져서 상황을 더 악화시켜버리는 실정이에요."

남편에게서 귀에 못이 박힐 정도로 들었던 이야기가 나도 놀랄 정도로 유창하게 내 입에서 흘러나왔습니다.

"바로 그거야. 나는 새로운 비즈니스 환경 속에서 회사가 수익을 창출하려면 직원들이 패러다임을 바꿔야 한다고 봤고, 그래서 여러 가지 수단과 방법을 시도해봤는데, 그 결과는……"

"아, 이제 알 것 같아요!"

"응?"

시마 씨가 의아한 표정을 지었지만 전혀 내 눈에는 들어오지 않습니다.

"선생님이 아까 왜 그렇게 강도 높게 말했는지 이제 좀 이해가 가요. 선생님은 진심으로 클라이언트를 생각하는 마음에, 그 기업의 직원들에게 도움이 될 거라고 판단해서 그 사람들의 의식을 바꿔주려고 했어요. 그런데도 그 시도가 아무 효과 없이 끝나버리고. 심지어는 '내가 왜 이런 소리를 듣고 있어야 하지?'와 같은 태도를 취하는 직원도 있었던 거죠? 그러니까 선생님 시도는 완전히 폭망한 거 맞죠?"

"우에스기 씨, 친구분 말이 좀 심한데요."

어느새 뒤따라온 스즈키 씨와 무라카미 씨가 책망하는 눈초리로 나를 바라보고 있었습니다.

"죄송합니다. 나중에 알아듣게 잘 말해볼게요."

"아니, 괜찮아, 괜찮아. 다 맞는 말인데 뭘. 요즘 내가 시도한 일이 다 실패로 끝난 건 사실이잖아."

"아니에요. 최근 선생님은 업계에서 제일 잘 나가시잖아요. 컨설팅마다 실패로 끝났다면 더 이상의 의뢰가 들어오지도 않았겠죠."

영업 담당이라는 두 사람이 열심히 변론합니다.

"기업 담당자는 내가 지금까지 쌓아온 실적이나 경력, 학력과 같은 파일 폴더를 통해 내 모습을 바라보니까 실패라고는 생각 못 하겠지. 그저 적당한 결과가 나왔다고 생각하고 있을지도 몰라. 하지만 내가 시도한 일이 성공했는지 못했는지는 누구보다 내가 가장 잘 아는 법이야. 프리랜서 경영 컨설턴트로서 나름대로 성공을 거두어온 내가 판단해볼 때 요즘 내가 시도한 일들이 썩 성공적이었다고는 할 수 없어."

"그래서 컨설팅을 해주신 회사 직원들의 태도에 실망하게 된 거죠."

"실망이라고까지 할 건 없지만 그냥 지쳐버렸다고나 할까……. 아니, 그건 아니야. 아까 밥 먹으면서 계속 생각을 하다가 깨달았어. 내 능력의 한계와 맞닥뜨렸을 때 나는 그걸 인정하기가 싫었어. 그래서 애꿎은 직원들 탓을 했구나, 하는 생각이 들더군. 내 능력 부족을 남의 탓으로 돌리다니, 거품경제 시기의 기업 경영자들처럼 나 역시 성공 체험에 도취되어 있었던 것 같아. 이걸 깨달은 건 바로 자네 덕분이야. 이런 고마울 데가 있나. 덕분에 이제는 경영 컨설턴트로서의 본분을 되찾은 것 같아. 내가 성공한 것은, 단시간 내에 드라마틱한 결과를 낼 수 있었기 때문이야. 그리고 그건 현장을 중요하게 생각했기 때문이었고. 다시 말하자면 현장에서 일하는 직원들과 신뢰 관계를 구축하고 그 직원들의 마음속에 숨겨진 열정을 불러일으킬 수 있었기 때문이었어. 잘못하면 그 '장점'을 잃어버릴 뻔했군, 그래."

그렇게 말하고는 머리를 꾸벅 숙여서 감사의 표시를 하는 시마 씨를 보면서 나는 그가 진정한 프로이자 경영자형 인재라는 확신이 들었습니다. **경영자형 인재는 실패를 순순히 인정**

하고 받아들입니다. 받아들이고 그 실패로부터 뭔가를 배우려고 합니다. 그들은 자신을 성장시키는 일을 좋아하기 때문에 자기보다 어리거나 지위가 낮은 사람들이라 하더라도 자신에게 도움이 되는 사람이라면 남녀를 불문하고 다른 사람의 이야기에 귀를 기울입니다. 결국 그들은 체면보다는 실리를 중요하게 생각하는 것입니다.

아까까지 시마 씨에 대해 이유 없는 반감을 느끼고 있었던 나는 그의 내부에 숨겨진 경영자형 인재로서의 모습을 보지 못했던 내 안목에 대해 부끄럽게 생각함과 동시에, 그날부터 바로 시마 씨의 열렬한 팬이 되어버렸습니다.

Part **6**

운명은 당신의 인생을
가장 어울리는 곳으로
데려다준다

2년 동안 했던 남편과의 '돈 버는 센스'를 키우는 수업은

그날의 우연을 필연으로 바꾸어놓기 위해서였을까요.

"운명은, 당신의 인생을 가장 어울리는 곳으로 데려다준다."

꿈꾸던 이상 하나를 손에 쥔 순간,

나는 또 하나의 운명이 작동하는 버튼을 누르게 되었습니다.

지식에 실천을 더하면 지혜가 탄생한다

"시간이 괜찮으면 좀 더 이야기를 할 수 없을까? 이 근처에 꽤 괜찮은 와인 바가 있는데. 아까 자네가 말한 '비즈니스 업계에서 일하는 사람으로서의 기본 소양'에 대해서 좀 더 자세히 듣고 싶은데."

유키와 나는 시마 씨의 권유를 흔쾌히 받아들였고, 우리는 좀 더 이야기를 나누기로 했습니다. 자리를 이동하면서 유키와 나는 소곤소곤 이야기를 나누었습니다.

"아까 마호 네가 말하던 '비즈니스 업계에서 일하는 사람으로서의 기본 소양 교육'이라는 건 혹시 경영자형 인재 트레이닝을 말하는 거야?"

"만약 그렇다면?"

"아까 내가 사람들에게 경영자형 인재로 다시 태어나기 위한 교육을 실시해보면 어떻겠느냐고 했을 때는 무리라고 해놓고, 사실은 혼자 조용히 생각을 정리하고 있었던 거네?"

"전혀 아니거든. 그저 시마 선생님이 하는 말에 반감이 들어서 왜 이런 기분이 드는 걸까 하고 곰곰이 나 자신에 대해 분석하던 중에 그 생각이 떠오른 거야."

"어떤 생각이?"

"언젠가부터 내 무의식 속에서 '경영자형 인재가 될 수 있는 트레이닝 교육'을 사람들에게 해주고 싶다는 마음이 자라고 있었나 봐. 자신에게 이미 경영 자원이 있다는 것도 모르고, 어느 쪽을 향해서 노력해야 하는지도 모른 채 그저 이리저리 뛰어다니다가, 상처를 입고 지쳐서 자기혐오에 빠진 사람들이 있잖아. 그런 사람들에게 내 경험이 도움이 되지 않을까 싶었던 거지. 마땅한 일자리를 찾지 못해서 헤매던 시절의 나를 구해준 시각이나 노하우, 중요한 스킬들. 이런 걸 전수해줄 수 있다면. 그리고 그게 내 평생의 일이 될 수만 있다면 얼마나 좋을까. 나도 모르는 사이 그런 꿈을 가졌던 것 같아."

"정말 멋지다! 하고 싶은 일이 분명하게 있다는 건 정말 부러운 일이야, 마호!"

"고마워. 하지만 그런 직업이 있다는 말은 본 적도 들은 적도 없어."

"기업연수 전문회사에 강사로 취직하는 건 어때?"

"내가 무슨 연줄이 있는 것도 아니고, 그런 회사는 싫어."

"왜 싫어?"

"사전에 작성한 강의 자료를 그저 읽어주는 역할은 성에 안차. 그리고 내가 프로그램을 구성해서 제공할 수 있는 단계가 되기까지 사내에서 몇 번이고 조정하는 과정을 거쳐야 할 테고. 내가 만들고 싶은 프로그램은 기존의 기업연수 전문회사에서 다루던 것과는 아무래도 다를 수밖에 없을 텐데."

"으음, 그렇다면 마호가 꿈을 펼치기 위해서는 어떻게 해야 할까?"

"경영자형 인재의 시각 중에서 '성공하는 길은 하나만 있는 건 아니다'라는 게 있었어. 언젠가는 이렇게 되고 싶다는 '생각'을 지니고 그 '이상'을 향해서 계속 노력해가다 보면, 우여곡절은 있을지언정 실현할 수 있다는 뜻인데……."

유키와 한참 꿈에 대해 이야기를 나누던 중 어느새 우리는 시마 씨가 안내한 와인 바에 도착해 있었습니다. 바 안으로 발을 들여놓자 간접조명과 하이라이트 조명이 어우러진 차분한 분위기의 실내가 눈에 들어왔습니다. 중앙에는 총길이가 5미터는 됨직한, 벚꽃나무로 만든 긴 테이블이 놓여 있었고 테이블 안쪽에는 바텐더가 칵테일 셰이커를 흔들고 있었는데 마치 무대에 올라간 배우처럼 보였습니다.

"아까 자네가 말한 '비즈니스 업계에 종사하는 사람으로서의 기본'이라는 건 '지혜'라고도 할 수 있을 것 같은데, 어떻게 생각하나?"

주문한 레드와인이 도착하고 가볍게 건배를 하자마자 바로 시마 씨는 아까 그 이야기를 꺼냈습니다.

"맞는 말씀이라고 생각합니다. 학교 교육이라는 건 입시 중심으로 흘러가기 때문에 아무래도 지식 쌓는 일에 치중하게 되죠. 대학에서도 실제 현장에서 도움이 되는 지혜는 좀처럼 배울 기회가 없고요."

"그렇지? 무엇보다 대학교수라는 사람들은 우리가 사는 이 사회를 잘 몰라. 자기들만의 폐쇄된 사회에서 사는 사람들이니까. 나는 말이야, 비즈니스의 최전방에서 일하기 때문에 현장도 모르면서 이론만 늘어놓는 사람들은 딱 질색이에요. 그런 사람들보다는 몇십 년 동안 기름밥 먹은 공장 직원이 더 훌륭한 경우도 있고."

"그런 사람들은 자기들이 배운 지식이라는 정보를, 실천이나 행동을 통해 얻은 경험과 융합시켜서 지혜를 얻은 거니까요.

"그렇겠군. 지식으로 배운 정보를 실천이나 행동으로 옮겨서 얻은 경험이 곧 지혜가 되겠네."

"그런 지혜는 졸업 후 사회에 나갔을 때나 배울 수 있어요. 주로 직장 내에서가 되겠죠. 하지만 우리나라 기업들이나 이 사회는 지금까지 지혜를 배워야 할 필요성을 간과해 왔어요. 뿐만 아니라 국가나 기업 입장에서는 국민이나 직원들이 지혜를 배우지 않기를 바랐을 거라는 생각도 들어요."

"응? 그게 무슨 소리야? 왜?"

옆에서 유키가 눈이 똥그래져서 묻습니다.

"잘 모르는 모양이니까 시부이 씨가 설명해주게나."

시마 씨는 내가 어느 수준까지 공부를 했는지를 시험해보는 것 같습니다. 싱글벙글 웃음 띤 얼굴이기는 하지만 눈빛만큼은 점점 더 날카로워집니다. 현역 컨설턴트에게 실력을 검증받을 기회를 얻다니, 예전의 나로서는 꿈도 꿀 수 없었던 일입니다. 기왕 이렇게 된 거, 이 시간을 그냥 즐길 수밖에 없겠네요.

"많은 평범한 국민들이나 회사의 이름 없는 직원들이 순종적이고 유순한 일꾼으로 남아 있는 게, 일부의 고급공무원이나 정치가, 기업가들에게는 더 편할 거라는 뜻이야. 제2차 세계대전이 끝난 후, 나라를 다시 일으키는 과정에서 서구 열강을 벤치마킹하는 일이 하나의 사회적 합의(컨센서스)가 됐었잖아. 그 사회적 합의를 달성하기 위해서는 국민들이 각자 지혜를 배워서 똑똑해질수록 곤란했던 거지. 그래서 국가로서는 국민들을 그냥 시키는 대로 열심히 일만 하는 근면한 일꾼으로 만드는 게 더 합리적이었던 거야."

"너무 심한 거 아니야?"

전체적이고 거시적인 시각에 따라 대화하라

"꼭 그런 건만은 아니야. 그 덕분에 우리나라는 기적에 가까울 정도의 부흥을 이루어 경제 대국으로 발돋움했으니 전략 자체는 잘못되지 않았다고 봐. 그렇지만 분명히 목표는 달성했다 해도, 일부의 정치가·고급공무원·재벌이 앞장서서 근면하게 일하는 국민들을 이끌어가는 삼위일체 구조가 이상적인 사회 구조라고는 할 수 없을 거야. 그 왜곡된 부분의 부작용이 이제 표면으로 드러나버렸어. 게다가 그 왜곡으로 인해 이 삼위일체 구조가 한계에 다다랐다는 현실을 인정하지 않을 수 없게 되었고."

"왜곡이라면?"

"예를 들어 공공사업에 의존하는 지역 경제가 왜곡된 부분의 전형적인 예라고 할 수 있어. 그렇지만 이건 내부 환경에 따른 문제이기도 해."

"그럼 외부 환경에 따른 문제도 있어?"

"응, 1989년 11월에 있었던 베를린 장벽 붕괴라거나 인터넷 기술의 보급을 중심으로 한 IT 혁명 같은 거."

"그 이야기는 예전에 마호 네가 해준 적 있어. 그 두 가지 사건으로 인해서 글로벌 무한경쟁 시대가 시작됐다고 그랬지? 그때 뭐라고 했더라? '글로벌 비즈니스……' 음, 뭐였지?"

"글로벌 비즈니스의 K1 무대."

"맞다, 맞다. '글로벌 비즈니스의 K1 무대'. 언제부턴가 일본도 이 세계적인 돈벌이 전쟁, 아니 고상하게 말하자면 '글로벌 비즈니스 경쟁'에 뛰어들게 된 거였지?"

"역시 기억력이 좋네. 그리고 이 '글로벌 비즈니스의 K1 무대'가 시작된 결과, 무한경쟁 때문에 여유가 없어진 기업이나 국가는 더 이상 '개인의 인생, 특히 생계 면에서 최소의 안전망을 지켜준다는 암묵적인 양해 사항'을 지키지 않게 된 거야. 이걸 간단히 말하자면 '자기책임 시대의 도래'라고나 할까?"

"그렇지만 국민들이나 근로자들 입장에서 보면 지금까지는 '생각하지도 말고 지혜를 구하지도 말아라. 그러면 평생 먹고 살 수는 있게 해주겠다'는 말만 믿고 살다가 갑자기 국가나 기업이 '각자의 인생과, 일, 그리고 생계에 대해서는 이제 알아서 하라'는 식으로 나오면 버림받은 느낌이 들 것 같은데?"

"그 현실을 받아들일 수가 없어서 어찌할 바 모르고 방황하는 게 지금 이 나라의 많은 국민들의 모습이야."

"너무하다……. 하지만 이제 납득이 가. 사실은 나도 마음속에 막연한 불안감이 있었어. 그런데 그 불안감의 정체가 무엇인지 도무지 알 수가 없어서 계속 답답했거든. 이 불안한 느낌은 내 인생이나 일, 수입에 대해서 이제는 나 스스로 책임져야만 한다는 사실에 대한 불안감이었던 거네. 나도 참, 나에게 어떤 변화가 불어닥치고 있는지 전혀 몰랐구나. 지금까지 뭐든지 다 알고 있는 것처럼 굴었던 게 부끄러울 정도야."

점점 표정이 어두워지는 유키를 보면서 시마 씨가 밝은 어조로 말합니다.

"불안을 느끼고 있었다면 그만큼 우에스기 씨가 감성이 풍부하다는 증거야. 내가 담당하고 있는 기업 중에서는 그냥 이대로 가만히 참고 기다리다 보면 언젠가 분명히 좋아질 거라고 믿고 있는 둔감한 사람들도 꽤 많아. 그런 사람들에 비하면 자네의 미래는 밝은 편이지."

"그래요? 선생님이 그렇게 말씀해주시니까 어쩐지 마음이 놓이네요."

"하하하, 내가 무슨 점쟁이라도 된 기분이네. 그런데 시부이 씨."

그렇게 말하고 시마 씨는 나에게 시선을 돌렸습니다.

"자네 이야기에는 동감이야. 나도 어렴풋이 느끼고는 있었지만 이렇게 역사적인 관점에 입각해서 체계적으로 접근한 설명은 처음 들어보네. 역시 '변화'는 전체적이고 거시적인 시각에서 바라봐야 하는 거로구만."

"이거야말로 전체적이고 거시적인 시각입니다. 아까 중식당에서 말씀드렸던 비즈니스 업계에서 일하는 사람으로서 갖춰야 할 기본 소양 중 하나예요."

"그래그래. 여기서 중요한 대목은, 자네가 들려준 이야기가 맞고 틀리고는 별로 중요하지 않다는 거, 그 사실을 깨닫는 거겠지?"

"역시 통찰력이 대단하시네요. 알고 계셨어요?"

"나를 과소평가하는군. 이래 봬도 제일 잘 나가는 경영 컨설턴트 중 한 명인데. 중요한 것은 어떤 사태나 현상에 대해 자기 나름대로 깊이 고찰하고 하나의 결론을 이끌어낸 후, 그 결론을 다른 사람들도 알 수 있도록 전달하는 행위 그 자체가 되겠지. 그러기 위해서라도 전체적이고 거시적인 시각은 꼭 필요하고 실제로 시부이 씨의 고찰은 아주 설득력이 있어. 지금까지 많은 사람들을 만나봤지만 오늘만큼은 정말 뛰어난 친구를 만났군 그래."

"감사합니다."

전체적이고 거시적인 시각에 따라 대화를 할 수 있게 되고 나서부터 나는 과분할 정도로 높은 평가를 받게 되는 일이 많아졌습니다. 물론, 이것도 다 돈 버는 센스 트레이닝을 받은 덕분입니다. 내가 남편에게 고마워할 때마다 남편은 '훌륭한 스승'이 아니라 '더 훌륭한 제자'였기 때문에 가능한 일이었다고 말하지만, 어쨌든 변화의 시작은 남편으로부터였으니까요. 차마 해서는 안 될 막말에도 불구하고 방황하던 나를 바꾸기 위해 끈기 있게 수업을 해준 남편의 노력은, 충분히 감동할 만한 것이었습니다.

일생일대의 승부수

"그러면 시부이 씨. 이렇게 방황하는 우리 국민들은 앞으로 어떻게 해야 할까?"

시마 씨의 눈빛이 초롱초롱 빛납니다. 이런 토론의 장이 벌어진 것이 자못 즐거운 표정입니다.

"자기책임 시대는 이제 피할 수 없는 필연적 대세예요. 그렇다면 그 자기책임 시대에서 살아남을 수 있는 힘을 기르면 됩니다. 기업이나 국가도 평생 동안 직원이나 국민들을 돌봐야 한다는 의무감에서 해방되고 싶다면 직원이나 국민들이 그 힘을 기를 수 있는 기회를 제공해야만 하고요."

"백 퍼센트 동감이야. 하지만 그 힘을 기를 수 있는 기회가 거의 없는 게 현실이지."

"맞습니다."

"그런데 자네는 그 힘을 어떻게 기를 수 있는지 그 노하우를 알고 있는 거지?"

"네."

"그렇다면 자네한테는 그 노하우를 세상에 전파해야 하는 사명이 있는 거 아닐까?"

"할 수만 있다면 저도 그러고 싶어요. 하지만 그런 직업은 없는 것 같아요."

"그렇겠군. 하지만 없는 직업도 만들면 생기는 거 아닌가? 자네가 비즈니스 업계에 종사하는 사람에게 필요한 기본, 다시 말해 자기책임 시대를 살아가기 위해 필요한 힘을 다른 사람들에게 제공할 수 있다는 건, 자네가 바로 그 힘을 갖추고 있다는 거야. 그렇다면 새로운 직업을 하나 만들면 되잖아? 먼저 그런 일을 할 수 있는 회사부터 하나 만들어보면 어떤가?"

"맞는 말씀이긴 하지만 자본금이……."

'아, 그렇지!'

"그렇다면 선생님께서 저에게 자본금을 투자해주시겠어요?"

"응?"

"선생님이 제 의욕에 불을 붙이셨으니 책임지세요."

지금 무슨 생각을 하는 거니, 마호야. 오늘 처음 만난 사람한테 자본금을 투자해달라고 부탁을 하다니 제정신이 아니구나. 부탁을 해봤자 거절할 게 뻔한데. 무엇보다 시마 씨에게 그 정도의 돈이 있는지 없는지도 모르고. 이런 생각이 꼬리에 꼬리를 물고 떠오르는 동안에도 어쩐지 나는 '시마 씨는 주식회사 자본금 1억 원 정도는 내놓을 자금력은 있을 거야.'라는 확신이 들었습니다. 아마도 은행과 백화점, 증권회사에서 근무하는 동안에 돈이 많은 사람을 간파해내는 눈이 생긴 건지도 모르겠습니다.

"갑자기 그런 부탁을 하니 당황스럽네. 빌려준다면 또 모를까."

"아뇨. 빌려달라고는 하지 않았어요. 융자가 아니라 출자, 저에게 자본금을 투자해주세요."

"으음, 자금을 투자하는 메리트가 '이 세상과 사람들을 위해서'뿐이라는 이야긴데……."

그러면서도 시마 씨는 '그런 돈은 없다'고는 하지 않습니다. 역시 자금력은 있었던 것입니다.

'여기에서 승부수를 던져야 해!'

내면 깊은 곳에서부터 마음의 소리가 들려왔습니다. 드디어 하고 싶은 일을 찾아낸 기쁨에 찬 내 목소리가……. 그런데 승부수를 던지려면 어떻게 해야 하지? 두뇌를 풀가동해서 이제까지 트레이닝 과정에서 배운 내용을 떠올려봅니다. 그러자 남편이 했던 다음과 같은 말이 떠올랐습니다.

- 돈과 기회는 부가가치가 있는 곳으로 모여든다.
- 경영이란, 목표 대상이 부가가치가 있다고 느낄 수 있는 상품과 서비스를 만들어 제공하고 이익을 올리는 일련의 과정이다.
- 내 인생의 경영자는 바로 나다.

그래, 나는 내 인생의 경영자야. 그리고 지금 나의 목표 대
상은 바로 시마 씨야. 그렇다면 자본금을 투자함으로써 얻을
만한 부가가치가 있다고 시마 씨를 설득하면 되는 거야. 그런
데 시마 씨 입장에서는 어떤 부가가치를 원할까?

시마 씨에 대한 정보란 정보를 끌어모아 모두 머릿속에 늘
어놓아 봅니다. 직업과 연령과 주소 같은 기본 속성부터, 학력
과 경력, 그리고 그가 했던 말 중 어느 부분에라도 그가 생각
하는 부가가치에 대한 힌트가 숨어 있음에 틀림없습니다.

> (시마 씨의 말)
>
> "기업 담당자는 내가 지금까지 쌓아온 실적이나 경력, 학력과 같
> 은 파일 폴더를 통해 내가 일하는 모습을 바라보니까 실패라고는
> 생각 못 하겠지."
>
> "내 능력의 한계와 맞닥뜨렸을 때 나는 그걸 인정하기가 싫었던
> 것이었어."
>
> "지금까지 많은 사람들을 만나봤지만 오늘만큼은 정말 뛰어난 친
> 구를 만났군 그래."

이 세 가지는 시마 씨가 한 이야기 중에서도 묘하게 인상에

남은 말입니다. 그렇다면 나는 왜 이 세 가지 말이 인상적이었을까요? 본질적이고 근본적인 시각에 따라 분석에 들어갑니다. 그러자 시마 씨가 어떤 부분에서 부가가치를 느끼는지가 보이기 시작했습니다. 그렇지만 나의 추론이 맞는지 틀리는지는 알 수 없습니다. 말을 할까 말까 망설입니다. 하지만 경영자형 인재의 시각 중에는 '행동하지 않는 사람에게는 기회가 없다'라고 하는 것도 있습니다. 결심이 섰습니다.

사람들마다 다른 부가가치를 찾아라

"선생님께서 돈을 출자하시는 것은 이 세상, 또는 세상 사람들을 위한 것만은 아닙니다. 저를 위한 것만도 아닙니다. 선생님 본인을 위해서이기도 합니다."

"나를 위해서?"

"네. 저에게 돈을 출자하심으로써 선생님은 현재 직면하고 계신 '중년의 위기'를 극복하실 수 있습니다."

"중년의 위기라니?"

"중년기는 인생의 오후 세 시에 해당된다고들 합니다. 아침부터 점심때까지 집중해서 일을 하다가 한숨 돌리고 나면 점심시간. 그 후 당분간은 그때까지의 여세를 몰아서 어떻게든 일을 하게 됩니다. 그리고 시계를 보면 어느새 오후 세 시. 차라도 한 잔 마시면서 지금까지 일한 내용을 되돌아보면 오늘도 열심히 일했다는 뿌듯함도 있지만 이대로 퇴근할 때까지 계속 일을 해도 기대했던 만큼 실적을 올릴 수 없을 것 같은 기분과 함께, 기력도 열정도 체력도 어느새 고갈되어 가고 있다는 사실을 깨닫고 좌절하기도 한다고 합니다. 그런 중년기에 접어들면 누구나 지금까지 살아온 인생과는 다른 새로운 삶을 추구하고 싶어집니다. 이를 심리학자인 칼 융(Carl Gustav Jung. 스위스의 정신과의사이자 심리학자. 이론과 치료 실제를 다루는 분석심리학을 창시했다 - 옮긴이)은 '중년의 위기'라고 지적했습니다.

아까 선생님 말씀을 들으면서 저는 선생님이 현재 중년의 위기에 직면해 있다는 것과, 이제 전성기가 지나버린 것은 아닌가 하는 초조함, 공감할 수 있는 상대방의 부재로 인한 고독감을 느꼈습니다. 현재 선생님은 보람 있는 일과 경제적 부유함, 그리고 사회적 지위도 다 가지셨습니다. 하지만 그것들을 모두 갖고 계시기 때문에 초조함이나 고독감이 더 크게 느껴지실 겁니다. 지금 현재의 자기 자신의 삶에 만족하고 계신가요? 40대 중반을 넘어섰을 때부터 그렇지 못하다고 느끼셨을 텐데요."

"말도 안 되는 소리. 내 일은 보람도 있고 아주 순조롭게 잘되고 있어. 수입도 다른 사람들보다 넉넉한 편이고. 나름대로 괜찮은 사회적 지위도 있지. 이런 상태에서 내가 삶에 만족을 못한다고 하면 다들 나에게 배부른 소리 그만하라고 욕할걸."

"그렇군요. 하지만 중년의 위기란 이런 게 아닐까요. '배부른 상태에서 느끼는 불행'이요. 이게 바로 중년의 위기의 실체입니다. 배부른 상태에서 느끼는 불행의 비극은, 배고픈 상태와는 달라서 먹을 것만 주어진다고 해서 해결된다는 희망도 없고 돈으로 해결할 수 있는 것도 아니라는 점에 있습니다. 그래서 중년의 위기를 극복하기 위해 사람들은 극단적인 행동을 선택할 때도 있다고 합니다. 불륜도 그중에 하나겠지요. 《실락원》[1]이 그 정도로 인기가 높았던 것도 소설 속 주인공을 통해 중년의 위기를 대리 체험했기 때문일 겁니다. 많은 사람들이 연애를 통해 젊은 시절의 열정을 되살려서 중년의 위기에서 벗어나려 합니다. 하지만 그런 행동으로는 중년의 위기

---

1) 일본 소설가 와타나베 준이치渡辺淳一의 연애소설로 가정을 가진 중년의 남녀가 사랑에 빠지는 내용. 당시 300만 부 이상이 팔렸고 이를 원작으로 영화 및 드라마도 제작되었는데 영화는 440억 원 이상의 흥행수입을 올리며 사회적으로 큰 반향을 불러왔다.

를 벗어날 수 없습니다. 그러면서 조금씩 배부른 상태에서 느끼는 불행에 젖어들게 되고 인생이 허무해지고, 그렇게 뭔가 부족하고 공허한 나날을 보내게 되는 거지요."

이야기를 듣고 있던 시마 씨가 어느새 고개를 끄덕입니다.

"야, 너 좀 심한 거 아냐? 시마 씨 충격받아서 쓰러지면 어쩌려고 그래?"

걱정스러운 얼굴로 유키가 귓속말을 합니다.

"그러게, 내가 너무 심했나……?"

나에게 자본금을 투자하는 것이 중년의 위기를 극복할 수 있는 가장 좋은 방법이자 부가가치를 창출할 수 있다는 점을 어필하려고 했는데 역시 무리였던 것일까요. 그때 갑자기 어디선가 웃음을 간신히 참는 소리가 들려왔습니다.

시마 씨였습니다. 크크크. 크크크크. 아아, 우하하하! 처음에는 웃음을 참는 소리였지만 이내 호탕하게 웃는 큰 웃음소리로 바뀌었습니다.

"야아, 정말 인정사정없구만. 내 마음속 어딘가에 잠재되어 있는 불안의 실체를 그렇게 낱낱이 다 드러내버리다니."

"주제넘었다면 정말 죄송합니다."

"하하하, 됐어, 됐어. 자네는 나랑 참 많이 닮았어."

"(무슨 말씀이신지)???"

"컨설턴트라는 직업은 말이야, 클라이언트의 이익 창출에 방해가 되는 요인을 추출해내서 그 요인을 어떻게 제거할 것인지에 대해 전략을 수립하고 제안하고 실행해가는 게 일이야. 프로로서 그런 작업을 해나가려면 어느 정도는 잔인해질 필요도 있지. 그리고 그 잔인함 때문에 감수해야 하는 비난이나 외로움 따위는 아랑곳하지 않을 결기와 강인한 심성도 있어야 해. 경영자도 마찬가지예요. 하지만 이걸 다 갖춘 사람은 그리 많지 않아. 그래서 나는 항상 외로운 거고. 지금까지는 그랬어요. 하지만 시부이 씨가 말한 중년의 위기 탓인지 요즘에는 그 외로움이 조금씩 견디기 힘들어졌어. 시부이 씨 이야기에 아까부터 여러 면에서 공감을 하게 되는군. 아, 물론 반발하고 싶은 부분도 있지. 공감과 반발을 반복하면서 마음이 동하는 상대방을 만난 게 얼마만의 일인지 모르겠어. 시부이 씨, 자네는 분명히 나와 비슷한 부류의 인간이에요. 나는 전형적인 자아도취형 인간이니까 자네도 분명히 그럴 거야. 나와 같은 부류에 속하는 사람을 내가 부정할 수는 없는 노릇이니, 좋아, 자본금을 대주지."

자신을 책임질 수 있는 각오

"네에?"

그 말에 나도 유키도, 너무 놀라서 동시에 큰 소리를 내고 말았습니다.

"갑자기 왜 마음을 바꾸셨어요? 이유가 뭔지 여쭤봐도 될까요?"

"아니, 언제는 출자해달라고 그러더니 이제 와서 왜 이러시나? 아무튼 이유는 알려주지. 시부이 마호는 나와 같은 시각을 갖고 있다. 다시 말해 같은 부류의 인간이다. 그러니까 그런 시부이 마호를 후원하는 일은 결국 또 하나의 나 자신을 후원하는 일이 된다. 시부이 마호는 어린 편이다. 비즈니스 업계에서 그건 결코 유리한 조건이 못 된다. 오히려 나이 때문에 어려움이 많을 것이다. 하지만 시부이 마호는 나와 비슷한 사람이니까 아마 넘어지고 다쳐 가면서도 어려움을 극복해갈 것이다. 그런 시부이 마호를 지켜보면서 응원하다 보면 나도 분발하게 되고 마음의 상처가 치유되고 또 용기를 얻게 될 것이다. 자네도 잘 알겠지만 중년의 위기를 극복하기 위해 가장 좋은 비결은 다른 사람과의 공감이라고들 하더군. 자네는 나한테 지금 가장 필요한 부분, 아니, 현재 우리나라 사람들에게 가장 결핍된 감정인 두근두근 설레는 기분을 느끼게 해줬어. 이제 나도 그 기분을 주위 사람들에게 전해줄 수 있을 것 같다는 생각이 드네. 앞으로는 사람이든 상품이든, 비즈니스를 할 때에도 누군가에게 두근두근 설레는 마음을 불어넣을 수 있는 것들이 성공을 거둘 거야. 브랜드가 그 좋은 예라고 할 수 있지. 나는 내 일에 만족하고 있어. 내가 계속 이 업계에서 맘껏 일하기 위해서라도 자네의 후원자가 되어야겠네."

너무 순식간에 벌어진 일이라 나는 이 상황이 잘 믿기지 않았습니다. 잠시 말을 못하고 있는 나의 옆구리를 유키가 쿡 하고 찔렀습니다. 나는 정신을 차리고 시마 씨에게 꾸벅 인사를 하며 말했습니다.

"정말 감사드립니다. 잘 부탁드려요."

최대한의 마음을 담아서 나는 시마 씨에게 감사의 마음을 전했습니다. 그런데 시마 씨는,

"아니, 아직 감사 인사 받기는 좀 일러. 테스트를 좀 해야 하는데."

"테스트요?"

"자네는 나를 닮았어. 그리고 나라면 출자해주는 사람에게 이렇게 말할 거야. '돈은 받되 간섭은 사양합니다. 하지만 사람, 물건, 자금, 정보는 사용하게 해주세요.'라고. 자네도 그렇

지 않나?"

역시 시마 씨의 혜안은 대단합니다. 내 생각을 꿰뚫어보고 있었습니다. 사실은 간신히 출자해준다는 말을 들은 터에 바로 그런 속마음까지 내보이는 건 좀 아닌 것 같아서 고민하고 있던 터였습니다. 이 말을 듣고 나는 이 사람에게는 그냥 속마음을 다 보여주면서 정면돌파를 하는 게 낫겠다, 괜히 듣기에 좋은 말만 늘어놓기보다는 솔직하게 할 말을 다 하는 쪽이 신뢰를 얻을 수 있을 거라는 확신이 들었습니다. 그래서,

"선생님 말씀대로예요. 가능하다면 '돈은 받되 간섭은 사양합니다. 하지만 사람, 물건, 자금, 정보는 사용하게 해주세요' 라고 부탁드릴 참이었어요."

"하하하, 정말 솔직한 사람이구만. 하지만 그게 더 좋아. 그래야 나도 쓸데없이 머리 굴릴 필요도 없고 상대하기 편하니까. 솔직하다는 것은 자기가 뭘 하고 싶은지, 뭘 바라고 있는지를 제대로 알고 있다는 거고. 그리고 그런 희망도, 또 그 희망을 이루기 위해 노력한 결과도 모두 책임지겠다는 각오가 서 있지 않으면 솔직한 태도는 나오지 않지. 시부이 씨, 잘 들어요. '자신에 대해 책임질 각오'가 서 있는 사람만이 어른이라고 할 수 있고 어른들만이 자본주의 사회에서 돈과 기회를 얻을 수 있는 거야. 그런 의미에서도 자네는 테스트를 받을 자격이 있어. 그러니까

시간이 된다면 내일 오후 세 시에 호텔 뉴 오타니 티 라운지로 와요. 친구들에게 자네를 소개하도록 하지."

"친구분들이요?"

"나 혼자 달랑 있으면 시부이 씨도 불안하잖아? 그 호텔은 우리 친구들 아지트거든. 내 친구들도 나처럼 다 잘 나가고 다 부자에 사회적 지위도 높아. 하지만 다들 두근두근 설레는 마음은 전혀 없는 메마른 중년 남자들이지. 분명히 자네 후원자가 돼줄 거야."

"그것도 테스트의 일부죠?"

"하하하, 우에스기 씨도 예리하구만. 테스트는 따로 준비할 생각이었는데 간단한 면접이라고 생각하면 돼. 오늘 밤은 정말 생각지도 못하게 의미 있는 시간을 보냈구만. 고마워요."

그렇게 말하고 일어서서 시마 씨는 계산을 끝낸 후 밖으로 나갔습니다.

기회는 바람 같은 것

다음날 오후 세 시에 나는 약속한 대로 호텔 뉴 오타니의 티 라운지에 갔습니다. 거기에서 두 명의 남자를 소개받았습니다.

"왼쪽이 미나미하라, 오른쪽은 와타나베. 어떤 회의에서 우연히 만나서 의기투합했지."

"처음 뵙겠습니다. 시부이라고 합니다."

"흐음, 시마 선생이 말한 사람이 이렇게 젊은 여자일 줄이야. 놀랐는걸."

미나미하라 씨라는 분은 어느 외국계 금융기관에서 다섯 손가락 안에 들 정도로 발군의 영업 실력을 가진 사람인데 그래서인지 작고 마른 체격인데도 말할 때에는 힘이 넘칩니다. 그것도 외국계 특유의 잘난 척하는 분위기를 섞어서⋯⋯.

"아, 그러니까 시부이 씨라고 했나? 오늘은 별로 긴장할 필요 없어. 테스트에 임하는 자세를 보고 후원자가 될지 말지를 결정할 테니까."

"감사합니다. 그런데 좀⋯⋯"

"그런데 좀?"

세 명이서 똑같이 이상하다는 표정을 짓습니다.

"죄송합니다. 어쩐지 일이 너무 잘 풀리는 것 같아서요⋯⋯. 시마 선생님과 저는 어제 우연히 만난 사이입니다. 그리고 미나미하라 선생님과 와타나베 선생님은 오늘 처음 만났고요. 그런데도 제가 주식회사를 만드는 데 필요한 자금으로 1억 원이라는 거금을 출자해주신다니⋯⋯."

"상식적인 일은 아니다 그건가?"

"그렇습니다. 게다가 '돈은 받되 간섭은 사양합니다. 하지만 사람, 물건, 자금, 정보는 사용하게 해주세요'라는 조건이 달려 있는데도 저에게 출자해주신다는 거잖아요."

"그렇지."

"아무리 그래도, 자그마치 1억 원이에요, 1억 원. 그것도 주식회사를 세우는 거니까 모두 현금이어야 하고요."

"하하하, 어차피 당장 쓸 일도 없는 여유 자금이야. 그리고 이런 말은 실례일지도 모르지만 내 돈 1억 원은 아마 자네한 테는 1천만 원 정도의 가치일걸."

"1천만 원이라도 그렇죠. 저는 만난 지 하루밖에 안 된 사람에게 그런 돈 못 줘요."

"어이, 와타나베. 내가 클라이언트 기업에서 항상 입버릇처럼 말하던 거, 자네한테도 말했었지? 기억나나?"

"으음, '바람은 불어오는 것, 손에 쥐는 것'이었지, 아마?"

"맞아. 바람(기회)은 언제 어디서 불어올지 모르는 법이야. 그리고 한순간에 지나가버리지. 그러니까 기업은 언제나 바람을 잡기 위해 안테나를 정비해두어야만 하고, 그 바람에 올라탈 수 있을 정도로 순발력을 키워 놓아야만 해. 개인도 마찬가지야. 그리고 시부이 씨……"

시마 씨가 나를 바라보았습니다.

"지금 이 상황은 자네에게 바람인가, 폭풍우인가? 아니면 모든 것을 다 휩쓸어버리는 태풍? 그걸 구별해내는 게 자네가 해야 할 일이야."

"바람이라고 판단한다면요?"

"그 바람을 손에 쥘 수 있는지 없는지는 자네한테 달려 있어. 기회는 모든 사람에게 찾아오는 거고. 다만 많은 사람들은 기회가 오기만을 기다릴 뿐, 그 기회가 찾아와도 기회인 줄 모르기 때문에 기회를 잡지도 못해. 그러니까 성공도 못 하고."

"저는 선생님을 믿어요……. 아니, 이 표현은 적절하지 않네요. 취소할게요. 저는 선생님을 믿겠다고 결심한 저 자신을 믿습니다."

"각오가 선 게로군." 미나미하라 씨가 말했습니다.

"그렇다면 우리도 각오를 하지 않으면 안 되겠지. 하지만 자네에게 1천만 원 정도 되는 가치의 금액이라 하더라도 그걸 날리게 된다면 안타까운 일이야. 하물며 '돈은 받되 간섭은 사양합니다. 하지만 사람, 물건, 자금, 정보는 사용하게 해주세요'라는 조건을 받아들이려면 그 나름대로 각오가 필요하고."

"각오라고요?"

와타나베 씨가 말합니다.

"만에 하나, 출자금을 날리게 되더라도 '좋은 경험을 하나 더 했구나' 하는 생각과 함께 포기할 수 있는 각오 말이야."

역시 부유한 사람들의 발상은 좀 다른 것 같습니다.

"그러니까 테스트가 필요한 거지. 시부이 씨가 우리에게 그 정도의 각오를 하게 만들어주는 인물인가를 가려내야 하니까. 시부이 씨도 그건 동의하지?"

"네. 당연히 테스트를 받겠습니다."

"좋았어. 그럼 결정한 거야. 테스트 날짜가 정해지는 대로 연락하지."

그 말을 남기고 시마 씨와 친구들은 자리를 뜨려고 합니다.

"저기, 잠깐만요. 테스트는 구체적으로 무얼 하는 거죠?"

"세미나를 해봐."

"세미나를?"

"시부이 씨가 회사까지 만들면서 하고 싶은 일은 우리나라 사람들이 자본주의 사회에서 스스로의 능력을 꽃피울 수 있도록, 다시 말하자면 '경영자형 인재로 다시 태어나도록 하는' 방법을 알려주는 거잖아? 그 말인즉슨, 많은 사람들 앞에서 프리젠테이션을 하거나 사람들을 설득하는 능력이 있어야만 성공할 수 있다는 말이지. 그 능력을 보려면 실제로 세미나에서 강의를 하도록 하는 게 가장 좋아. 게다가 강의를 하는 모습을 보면 '성공하기 위해 가장 필요한 것'을 갖고 있는지 아닌지 단박에 알 수 있거든. 자, 그럼 건투를 빌어요!"

가장 중요한 것은 역시 '시각'이다

사흘 후, 시마 씨로부터 전화가 걸려 왔습니다.

"세미나 날짜가 정해졌어. 2주일 후 토요일인데 시간이 되나?"

"네, 그날은 쉬는 날이어서 괜찮아요. 그런데 그 세미나에 참가하는 분들과 인원수, 개최 취지에 대해 알려주시면 좋겠는데요."

"대상자는 기업 경영자들. 인원수는……. 그렇게 규모가 크지는 않아. 세미나라고는 하지만 사실은 모 경영협회가 주최하는, 경영자들의 견식을 넓히기 위한 작은 공부모임이라고나 할까. 지난번에 긴자에서 술 마실 때 '기업이나 국가도 평생 동안 직원이나 국민들을 돌봐야 한다는 의무감에서 해방되고 싶다면 직원이나 국민들이 그 힘을 키울 수 있는 기회를 제공해야만 한다'고 했지?"

"네. 국민이나 직원들을 각자도생해야 하는 자기책임 시대로 내몰 거라면 먼저 지금까지 시키는 대로 성실하게 일만 해온 사람들을 스스로 자기 인생을 꾸려갈 수 있는 경영자형 인재로 만드는 교육 정도는 해줘야 한다고 보거든요."

"음, 그 점에 대해서는 나도 대찬성이야. 앞으로는 '각자도생'하는 시대야. 내가 아는 중국인이 요전에 재미있는 말을 들려주더라고. '중국인은 혼자 있을 때는 용이지만 집단을 이루면 벌레가 된다. 그런데 일본인은 혼자 있을 때는 벌레지만 집단을 이루면 용이 된다'고. 하지만 앞으로 무한경쟁 시대에서 살아남기 위해서는 개개인도 용이 되지 못하면 힘들겠지."

"선생님이 말씀하시는 '각자도생' 시대라는 건 '혼자 있을 때는 용이지만 집단을 이루면 용왕이 되도록' 목표를 세우고 노력하라는 거죠?"

"바로 그거야. 그런 이야기를 경영자들 앞에서 해봐."

"알겠습니다. 모처럼 얻은 귀한 기회니만큼 최선을 다해보겠습니다."

그렇게 말하고 전화를 끊으려는데 시마 씨가 갑자기 다음과 같은 말을 덧붙였습니다.

"나는 말이야, 그 '최선을 다해보겠다'는 자네의 겸손하고 유연한 태도에서 가능성을 보네. 지금까지 어깨에 잔뜩 힘이 들어가서 종횡무진 활약하는 커리어우먼들은 많이 봐왔어. 하지만 겸손한 태도로 조용히 일하면서 확실한 결과를 보여주는 여성이 한 명쯤 있어도 되지 않을까 하는 생각이 들어. 그런 의미에서도 자네한테는 기대가 커. 그럼 잘 준비해오도록 해 요."

　전화를 끊고 난 후, 시마 씨가 한 말을 되새겨보다가 나는 새로운 사실을 깨달았습니다. 시마 씨는 내가 무심코 하는 행동 하나하나를 관찰하면서 내 가치관이나 성격, 능력 등을 추측하고 있었던 것입니다. 남편이 나에게 '뭐니 뭐니 해도 시각이 제일 중요하다'고 입이 닳도록 말했던 이유가 뭔지, 그제야 알 수 있을 것 같았습니다. 시각을 바꾸지 않은 채 언행을 바꾸려고 해봤자 무심코 하는 말이나 행동을 통해 결국 본모습이 드러나게 될 것입니다. 남편에게서 배운 '돈 버는 센스 수업', 경영자형 인재로 다시 태어나기 위한 교육은 핵심을 꿰뚫는 교육이었다는 것을 새삼 깨닫고 감탄했습니다.

　남편에게는 아직 시마 씨 이야기를 하지 않은 상태였습니다. 내 회사를 만들지도 모른다는 것과 자본금은 투자를 받기로 했다(받게 될지도 모른다)는 것, 그러기 위해서 먼저 테스트를 거쳐야 한다는 것, 출자자들은 바로 며칠 전에 만난 사람들이라는 것 등, 남편이 내 이야기를 듣고 어떤 반응을 보일지 도

저히 가늠할 수 없었기 때문입니다. 그렇지만 언제까지 숨길 수만도 없는 노릇이라 결국 그날 밤에는 털어놓기로 마음을 먹었습니다.

인간관계는 회전목마와도 같다

밤 아홉 시경에 남편이 퇴근해서 돌아왔습니다. 시마 씨를 만난 일부터 투자에 대한 이야기까지…… 나는 빠짐 없이 모두 늘어놓았습니다. 이야기를 다 듣고 난 후의 남편의 반응은 "아, 그래? 그럼 테스트 잘하고 와." 이 한 마디뿐이었습니다.

"당신, 내가 회사를 만든다는데 놀라지 않아?"

"왜 놀라야 해? 당신이 하고 싶은 일을 하려면 그게 가장 효율적이잖아. 뭐, 나도 당신이 하고 싶다는 평생 직업이 '교육' 쪽으로 흘러갈 줄은 몰랐으니까 그건 약간 의외였지. 하지만 어쩌면 그게 옳은 길일지도 모르겠다는 생각이 들기도 해."

"만난 지 얼마 되지도 않는 사람들에게 출자를 받는 건 불안하지 않아?"

"뭐가 불안해?"

"상식적으로 별로 일어날 가능성이 없는 일이잖아. 게다가 시마 씨에게 어떤 꿍꿍이가 있는지도 잘 모르겠고⋯⋯."

"그런 걱정을 기우라고 하지."

"왜? 당신은 내가 어떻게 돼도 상관없어?"

"당신, 드라마 너무 많이 본 거 아니야? 물론 이 세상에는 돈을 미끼로 또는 인맥 관계를 이용해서 여자에게 불순한 의도로 접근하는 남자들이 존재해. 하지만 당신 이야기만 들어봐도 시마 씨는 그런 인간은 아닌 것 같아. 도리어 그렇게 비열한 행동은 경멸할 것 같은데? 왠지 모르지만 가진 자의 여유가 느껴져. 게다가 처음부터 시마 씨가 당신에게 흑심을 품었다면 뭐 하러 귀찮게 테스트 같은 걸 하자고 하겠어? 그리고 테스트 장소도 시마 씨가 일하는 영역이고 공적인 장소잖아. 어떤 남자가 '흑심을 채우기 위해서' 자기가 일하는 곳으로 여자를 유인하겠어. 그런 짓을 하면 소문이 퍼져서 자기 일에 나쁜 영향을 줄 게 뻔한데."

"그렇기는 하지만⋯⋯."

"만에 하나, 시마 씨가 그런 흑심을 품은 게 사실이었다면 그때는 그냥 손 털고 나와버리면 되는 거야. 세상일이란 건 말이지, 도의에 어긋나는 행동까지 하면서 집착을 하면 나쁜 쪽으로 흘러가게 돼 있어. 당신이 꿈을 이루겠다는 열망에 지나치게 집착하다 보면 누군가의 먹이가 될 확률도 커지겠지. 하지만 지나치게 집착하는 태도를 버리고 꿈을 소중히 여기는 사람에게 그런 질 나쁜 인간들은 접근하지 않아."

"그렇게 말해주니까 마음이 좀 놓이네. 아무래도 '남자는 여자에게 공짜로 돈을 내놓지 않는 법'이라는 말이 상식처럼 느껴지는 세상이다 보니, 갑자기 찾아온 기회에 가슴이 뛰면서도 왠지 자꾸 불안해졌거든."

"인생의 기로에 서 있는 상황에서 아직도 그 정체불명의 '상식'에 휘둘리는 거야? 당신은 아무래도 셰익스피어를 좀 읽어볼 필요가 있겠어."

"뜬금없이 웬 셰익스피어? 예전에 읽긴 했는데……. 만난 지 얼마 안 된 사람에게서 출자금 받는 이야기랑 셰익스피어가 무슨 상관이 있어?"

"당신이 예전에 나한테 이야기해놓고는 잊어버렸구나?"

남편의 말을 듣고 나는 고등학교 수업 시간에 들었던 한 구절을 떠올렸습니다.

"운명은, 당신의 인생을 가장 어울리는 곳으로 데려다준다."

셰익스피어의 명언 중 하나입니다. 사람들은 '운명은 얄궂은 것'이라고 생각하기 쉽습니다. 하지만 그렇지 않습니다. 사람들은 '운명'이라는 단어에 대해 잘못된 고정관념을 갖고 있습니다. 어차피 어쩔 수 없는 것, 태어날 때부터 정해진 것, 피할 수 없는 것 등, 이렇게 운명에 대한 어두운 이미지를 그대로 받아들여 버립니다. 하지만 그런 것들은 운명이 아닙니다. 그것은 숙명입니다. 숙명을 한자로 쓰면 '宿命'인데 여기서 '宿'은 '머무른다'는 의미를 갖고 있습니다. 그렇기에 우리의 생명命, 즉 인생을 머무르게 만들어버리는 것이 숙명이고, 그렇다면 그것은 분명히 피할 수 없는 것일지도 모릅니다. 하지만 운명運命이란, 한자를 보더라도 '인생을 운반하는 것'입니다. 아마 셰익스피어는 뛰어난 통찰력으로 이 운명의 정체를 꿰뚫어 보고 있었을 것입니다. 그러니까 '운명은, 당신의 인생을 가장 어울리는 곳으로 데려다준다.'는 말을 남긴 것이겠지요.

"사람이 진화해서 수준이 높아지면 당연히 그에 어울리는 장소도 달라지게 돼 있어. 그렇게 되면 운명도 움직이기 시작하겠지. 물론 그 반대의 경우도 마찬가지야. 당신은 나한테 트레이닝을 받으면서 여러 가지를 배우고 깨달은 것 같아. 그만큼 당신은 진화한 거야. 그 결과, 멈춰져 있던 운명을 움직이게 만든 게 아닐까. 진화한 당신에게 어울리는 곳으로 데려다주기 위해서 운명이 움직이기 시작한 거야. 물론 그 장소가 편하기만 한 건 아닐 거야. 아마 고생도 하겠지. 수준이 높아진 만큼 고생도 더 커지는 게 세상 이치니까. 그렇지만 그만큼 편한 부분도 업그레이드되는 게 사실이야. 그리고 새로운 곳에서 당신이 당신 나름대로 열심히 노력하고 희로애락의 감정을 겪으면서 한층 더 수준을 높이면 분명히 운명은 또다시 당신을 위해 움직이기 시작할 거야. 당신을 더 좋은 곳으로 데려다 놓아야 하니까. 물론 진화가 아니라 퇴화할 경우에도 운명은 움직이겠지만 말이야."

남편의 말에는 충분히 고개가 끄덕여졌습니다. 그리고 남편에게 트레이닝을 받기 전후를 생각한다면, 그 후에 나의 운이 좋은 방향으로 흘러가고 있는 게 분명했습니다. 내가 변하기 시작하니 내 운명도 움직이기 시작한 거지요.

"시마 씨와 그 친구분들을 만나게 된 것도 내 운명이 움직이기 시작했기 때문이겠네?"

"응. 사람을 만난다는 건 회전목마랑 비슷하거든."

"회전목마?"

"응. 필요할 때에 필요한 사람과 만나게 되는 회전목마. 지금 누군가와 자기 자신 사이에 relationship, 즉 어떤 친분이 있다는 건, 서로가 서로를 필요로 하기 때문이야. 그리고 그 사람이 진화하거나 퇴화하게 되면 그 사람에게 어울리는 장소도 달라지게 돼. 그 결과, 각자의 위치가 달라지면 서로 관계가 소원해지겠지. 회전목마처럼 장소가 달라지면 당연히 만나게 되는 사람들도 바뀌게 돼. 당신에게는 꼭 이루고 싶은 '이상'이 있었어. 그래서 시마 씨와 만나게 된 건지도 몰라. 그게 운명이야. 그리고 어쨌거나 그 만남은 당신의 '이상'을 이루어주기 위해 준비된 순서인 것 같아. 운명이 움직이고 있어. 그러니까 이번 일은 분명히 잘 될 거야."

"고마워. 갑자기 막 용기가 난다. 좋아. 그런데 세미나 준비는 어떻게 하는 거야? 좀 가르쳐줘."

"당신, 세미나 강의 한 번도 안 해봤어?"

"안 해봤는데."

"공부모임 같은 데에서 가르쳐본 적도 없고?"

"있을 리가 없지. 이번 테스트가 내 인생 최초의 강의야."

"헉. 그러면서 그냥 '알겠다'고 무대뽀로 이야기해버린 거야?"

"그럼 어떡해. 기회는 바람 같은 건데! 꽉 잡아야지!"

남편은 어이없는 표정으로 한참이나 나를 쳐다봤지만, 나는 배짱 있는 표정을 잃지 않고 그런 남편을 바라봤습니다. 그리고 드디어 운명의 날이 찾아왔습니다.

Part 7

하수를 고수로 만들어주는
'생각'의 마법

생각대로 일이 잘 풀린다는 것은

현실에서는 꿈처럼 드문 일입니다.

반드시 가로막는 장벽이 존재하기 마련입니다.

그러나 그 장벽에 부딪치는 일이야말로

'막연한 느낌'을 '생각'으로 승화시킬 수 있는 기회입니다.

온몸으로 장벽에 부딪치고 나서 내가 얻은 것은

'생각'의 마법이었습니다.

고민해봤자 달라지지 않는 일은
고민하지 않는 것이 경영자형 인재다

그날은 전형적인 가을 날씨로 높고 푸른 하늘이 펼쳐진 날이었습니다. 현관을 열자 문틈으로 상쾌한 가을바람이 한 줄기 들어왔던 느낌을 지금도 생생하게 기억하고 있습니다.

"그럼 갔다 올게."

"응. 좀처럼 없는 기회니까 맘껏 즐기고 와. 설령 이번에 잘 안 되더라도 한 번 있었던 기회는 두 번, 또 세 번 있을 수도 있어. 기회는 또 올 거야. 다음 기회를 놓치지 않기 위해서 이번에 미리 연습한다고 생각해. 그러면 마음 편하게 할 수 있을 거야."

"알았어. 이제 와서 안달복달한다고 뭐가 달라지겠어. '고민해봤자 달라지지 않는 일은 고민하지 않는 것'이 경영자형 인재의 시각이었지?"

"맞아. 그리고 당신은 2년 동안 정말 열심히 했어. 솔직히 말하자면 당신한테 가르쳐준 것들을 나보고 실천하라고 해도 잘할 자신은 없어. 그런 점에서 당신은 정말 나보단 훨씬 훌륭한 사람이야."

"행동보다는 말로 때우는 타입이었어?"

"하하하, 부끄럽지만 그렇다고 인정해야 하나? 내가 알려준 것들을 믿고 받아들이고 실천하기 위해 진지하게 노력하는 당신을 보면서 내심 감탄했던 적도 많아. 그리고 **행동하면 반드시 뭔가가 달라진다**는 것이 거짓말이 아니라는 것도 당신을 보면서 배웠어."

"당신이 나한테서 배우는 것도 있다니 기분 좋은데?"

"그거 말고도 많아. 내가 배웠을 때보다 다른 사람을 가르쳐보니까 훨씬 공부가 되더라고. 그리고 당신은 어느새 당신이 만나는 사람들이나 경험한 것들로부터 항상 배우겠다는 자세가 몸에 배어서 나한테는 없는 정보나 노하우까지도 스스로 자기 것으로 만들 수 있게 됐어. 오늘은 그동안 갈고닦은 실력을 제대로 한번 보여주고 와."

"고마워⋯⋯. 그럼 저녁 때 봐."

그렇게 말하고 현관을 나서려는 순간, 남편이 나를 불러 세웠습니다.

"잠깐만. 이걸 준다는 걸 깜박했네."

남편이 내민 것은 삼등분으로 접어놓은 편지지였습니다.

"이게 뭐야?"

"부적이야."

"부적?"

"응. 부적. 그러니까 지금 당장 열어보면 안 돼. 강의 자료 맨 뒤에 끼워놨다가 어려운 상황이 닥치면 펼쳐 봐."

"어려운 상황이 닥치지 않으면?"

"그럼 안 봐도 돼. 그냥 그대로 돌려줘."

"어쩐지 옛날이야기에 나오는 보물상자 같은데."

그렇게 말한 후, 나는 남편이 하라는 대로 편지지를 강의 자료 맨 뒤에 끼운 후에 집을 나섰습니다.

여유 있게 미소 짓는 얼굴의 힘

세미나 장소에 도착해보니 시마 씨과 그 친구들은 벌써 와

서 뒷자리에 나란히 앉아 있었습니다. 내가 가까이 가자,

"아아, 어서 와요. 이게 오늘 세미나에 참가하는 사람들 명단인데 한번 훑어봐."

시마 씨는 이렇게 말하고 참가자 명단을 주었습니다. 어쩐지 다들 좀 들뜬 분위기입니다.

"시부이 씨가 명단을 보고 어떤 표정을 지을지 궁금한데."

이렇게 시마 씨에게 귓속말을 하는 미나미하라 씨의 목소리가 들려왔습니다.

'어떤 표정이라니, 이런 표정인데요.' 이런 생각을 하면서 참가자 명단을 보는 순간 나는 깜짝 놀랐습니다. 세계적으로 이름을 날리는 기업 이름이 줄줄이 쓰여 있었습니다. 그리고 임원란에는 대표이사, 전무이사, 이사 겸 사업부장과 같은 직함이 60명 정도 쓰여 있었습니다. 그날 내가 강의를 하기로 예정된 세미나는 일본 제조업계의 대기업 최고경영자들의 공부 모임이었던 것입니다.

"자네를 테스트하기에는 안성맞춤이지?"

시마 씨가 기대와 장난이 반반씩 섞인 눈빛을 보내옵니다. 다른 두 사람도 마찬가지입니다. 여기서 흔들리는 모습을 보여서는 안 된다는 생각이 들었습니다.

"그러네요. 이런 기회를 주셔서 영광이에요."

나는 여유 있게 웃음 띤 얼굴로 대답했습니다. 마치 예전에도 이런 상황에서 몇 번이나 같은 일을 겪어서 익숙하다는 듯이. 남편에게서 감정을 컨트롤하는 훈련을 받아두기를 잘 했다고 몇 번이나 속으로 되뇌었습니다.

"놀랐는걸, 시마. 어쩌면 생각보다 더 대단한 인물인지도 모르겠어."

미나미하라 씨의 말입니다.

"진짜 대단한 여자야. 남자들도 이런 상황에서는 당황할 텐데 말이야."

"시마, 나도 오늘부터 너처럼 시부이 씨 팬이야. 시부이 씨, 파이팅!"

아까부터 심각한 얼굴을 하고 있던 와타나베 씨가 갑자기 친근한 표정을 짓더니 응원을 보내주었습니다. 아마도 1차 시험은 통과한 것 같습니다. 이 시점에서 오늘의 테스트는 세미나 강의와는 별도로 내가 하는 말과 행동 하나하나가 모두 평가 대상이라는 확신이 들었습니다. 그 말은 한시도 마음을 놓아서는 안 된다는 것입니다. 그렇지만 평가 기준이 무엇인지는 전혀 알 도리가 없습니다. 그걸 알고 있는 사람은 시마 씨와 친구들뿐입니다. 갑자기 벼락치기로 뭔가를 외워서 될 일도 아닙니다. 그렇다면 대책을 세우려 할수록 나에게 불리할

뿐입니다. 유일한 해결책은 있는 그대로의 내 모습—고작 2년의 수련 과정을 거쳤을 뿐이라 아직 충분한 상태는 아닐지라도 경영자형 인재로서의 시각을 갖추게 된 내 모습—을 보여주는 것뿐입니다.

'역시 시마 씨야. 한두 가지 요령으로만은 통과할 수 없는 테스트구나. 그런데 도대체 왜 저렇게 신이 났지?'

도대체 왜 시마 씨와 친구들은 기대감에 가득차서 초롱초롱 빛나는 눈빛을 하고 있는 것일까요? 어쩌면 그들에게 있어 나는 '수퍼 마리오[2]'인지도 모릅니다. 그렇다면 그들은 컴퓨터 화면을 보면서 앞으로 잇따라 나오게 될 여러 가지 장애물과 난관을 내가 잘 극복해나갈 수 있을지, 호기심 반 기대 반으로 가득 차서 게임을 하겠지요. 그렇다면 상당히 비싼 비용을 들여서 즐기는 게임인 셈입니다. 만약 내가 실패한다면 그들 역시 망신을 당하고 신용을 잃어버리게 될 것은 분명합니다. 신용은 돈으로 살 수 없습니다. 착실하게 쌓아야만 비로소 손에 넣을 수 있고, 그러다가도 어떤 사소한 일 하나 때문에 와르르 무너져버릴 수도 있는 것이 신용입니다.

---

2)   일본의 컴퓨터게임회사인 닌텐도가 발매한 게임 소프트에 등장하는 인물

'이 게임에서 실패를 하더라도 나는 저분들에 비하면 잃어버릴 게 거의 없어.'

이렇게 냉정하게 생각을 정리해보니, 시마 씨와 그 친구들에게 진심으로 고맙다는 생각이 들었습니다. 고작 며칠 전에 만난 내 이야기에 귀를 기울여준 점, 이런 기회를 마련해준 점, 나를 위해 본인들의 신용까지 걸고 이 자리에 나와준 점 등……. 그 은혜에 보답하기 위해서라도 지금은 젖 먹던 힘까지 다 끌어올려 내 실력을 보여줄 때입니다.

인생, 지금 이 순간이 바로 힘을 내야 할 때

세미나가 시작되었습니다. 처음에 소개를 받고 일어서서 앞으로 나왔더니 관중들은,

"이렇게 젊은 여자가 지금부터 무슨 이야기를 하겠다는 거지?"

이런 표정으로 차갑게 나를 바라보았습니다. 하지만 이미 무대에 선 이상, 돌아갈 길은 없습니다. 나는 이야기를 시작했습니다.

"우리가 살고 있는 이 세상은 자본주의 세상입니다. 경제나

금융, 법률의 구조를 모르고 세상에 던져진 사람은 이종격투기인 K1 무대에서 눈가리개를 하고 싸워야 하는 입장에 비유할 수 있습니다. 앞이 보이지 않으니까 당연히 링 위에 올라서는 순간 넉 아웃되고 말 겁니다. 그런데 지금까지 그렇게 되지 않았던 것은 기업이나 국가가 그 사람을 보호해주었기 때문입니다. 보호를 받는 대가로 사람들은 국가나 기업을 위해 멸사봉공滅私奉公의 정신으로 일해왔습니다. 그렇지만 글로벌 무한 경쟁 시대가 시작된 지금, 더 이상 기업이나 국가는 개인을 보호해줄 여유가 없습니다. 그래서 보호막도 사라졌습니다. 바로 종신고용이나 퇴직금 제도가 폐지된 것입니다. 기업에게도 그럴 만한 사정이 있으므로 기업만을 탓할 수는 없습니다. 그렇지만 종신고용이나 퇴직금 제도를 폐지할 거라면 적어도 직원들의 눈가리개를 풀어주어야 합니다. 즉, 그들이 경제를 읽을 수 있는 눈인 경제적 분석력과 전달력, 그리고 경영자형 인재의 시각을 갖출 수 있도록 경제, 경영, 금융 분야의 공부를 할 수 있도록 해야 마땅합니다. 우선은 결산서를 제대로 파악할 수 있는 교육을 실시하거나……"

여기까지 말했을 때, 갑자기 맨 앞줄에 앉아 있던 남자의 목소리가 들려왔습니다.

"이 아가씨, 진짜 세상 물정 모르는 사람이네."

목소리의 주인공은 세계적으로 이름난, 일본에서 제일 잘 팔리는 타이어 회사 부사장이었습니다.

"직원들에게 경제, 경영, 금융 공부를 시킨다 칩시다. 만약 모든 직원이 결산서를 읽을 수 있을 정도로 똑똑해지면 경영진이 곤란해져요. 직원들은 아무것도 모른 채 그냥 아둔한 상태로 남아 있기 때문에 위에서 내리는 명령에도 복종하는 거고, 회사가 아무리 높은 수익을 올리더라도 그냥 낮은 수준의 연봉에도 만족하고 지내는 거요. 직원들에게 경제적 분석력이나 전달력, 그리고 경영자형 인재의 시각을 갖추게 하다니, 경영자 입장에서는 아주 끔찍한 일이야."

끔찍한 기분이 드는 건 이쪽입니다. 그 부사장의 어이없는 발언을 나무라기는커녕 다들 고개를 끄덕이고 있었으니까요. 그것도 "맞아, 맞아."라는 추임새까지 넣어가면서 말이죠.

"우리가 바라는 건 시키는 일을 그냥 고분고분하게, 그리고 정확하고 빠르게 해주는 직원이란 말이오. 스스로 생각하고 판단하고 행동하는 직원은 귀찮을 뿐이야."

이번에는 오너 집안이 항상 문제를 일으키기로 유명한, 한 가전업체의 본부장이 말을 거들었습니다.

"나도 같은 생각이오. 회사는 인간과 똑같아. 여기 있는 우리가 브레인이라면 직원들은 손발이야. 손발이 제멋대로 움직이면 큰일이지.”

　참가자들 사이에서 이런 발언들이 잇따라 터져 나왔습니다. 텔레비전에서 봤던 국회 중계방송과 비슷했습니다. 그리고 결국 쐐기를 박듯이 맨 처음 입을 열었던 타이어 회사 부사장이 일갈을 가했습니다.

　“직원들에게 공부해서 자립할 수 있는 능력을 키워주고 교육을 통해 아둔한 상태에서 벗어날 수 있도록 지원을 해주라니 말이 되나. 이런 이야기나 듣자고 우리가 귀한 시간을 쪼개서 여기 앉아 있는 게 아닐 텐데.”

　부사장의 일갈에, 세미나장은 갑자기 물을 끼얹은 듯 조용해졌습니다. 적의에 가득 찬 시선들이 나에게 쏟아지고 있었습니다. 저 뒤에서는 시마 씨가 입을 한일자로 꽉 다물고 서 있었습니다.

　이 자리에서 벗어나고 싶다. 눈물을 보이면서 도망가버리면 일단은 편해지겠지. 어차피 이렇게 높은 지위에 있는 사람들과 내가 다시 만날 일도 없을 테니까. 지금 여기서 뒤돌아 나가버리면 언젠가는 사람들 기억 속에서도 사라질 테고. 시마 씨에게는 죄송하지만 어차피 시마 씨도 나 같은 여자는 그저 기억하기도 싫은 옛 추억 중 하나가 되겠지⋯⋯. 이런 생각들이 머리를 스쳐 지나갔습니다. 불과 몇 초에 지나지 않는 시간이 그때는 정말 너무나도 긴 시간처럼 느껴졌습니다.

'에라, 모르겠다. 그냥 포기하고 도망가야겠다.'

결국 그렇게 마음을 먹고 시선을 내리깔았을 때, 강의 자료집 맨 뒤쪽에 끼워둔 편지지가 눈에 띄었습니다. 오늘 아침에 남편이 현관에서 건네준 '부적'이었습니다.

"어려운 상황이 닥치면 펼쳐봐."

그제야 남편의 말이 떠올랐습니다. 나는 지푸라기라도 잡는 심정으로 그 편지지를 펼쳐 보았습니다.

"인생, 지금 이 순간이 바로 힘을 내야 할 때."

그 편지지에는 달랑 한 줄의 문장이 쓰여 있었습니다.

결실을 원한다면
내가 먼저 승부를 포기해서는 안 된다

그 한 줄로 충분했습니다. 단 한 줄의 문장이 머릿속에 잠들어 있었던 과거의 기억을 불러왔습니다.

돈 버는 센스 배우기를 시작하고 나서부터 줄곧, 나는 남편으로부터 '실천이 없으면 기회도 없다'는 말을 들었습니다. '알면서도 실천하지 않는 사람'은 결국 아무것도 바꿀 수 없다. 실천에 옮긴 사람, 다시 말해 '배우고 이해하고 실천한 사람'만이 원하는 방향으로의 변화를 이끌어낼 수 있고 나이와 상관없이 그 변화를 누릴 수 있다는 뜻입니다.

그렇기는 해도 그 실천과 행동은 첫걸음을 내딛기가 무척 어려운 법입니다(이 부분에서 돈을 잘 버는 사람과 못 버는 사람이 나뉘게 됩니다). 어떻게든 해서 첫걸음을 뗐다고 해도 도중에 귀찮다는 생각이 들거나 힘든 일이 생기거나 하면 "이 정도 했으면 됐어. 이제 그만둘 거야." 하고 포기하기 일쑤입니다. 나도 예전에는 몇 번이나 도중에 포기할 뻔했던 경험이 있습니다. 그런 나를 보던 남편이 어느 날 귀여운 그림엽서를 선물해주었습니다. 당시 나는 마음에 드는 그림엽서를 그림처럼 장식하는 걸 좋아했는데 남편이 선물해준 그림엽서에는 이렇게 쓰여 있었습니다.

> 한번 이 길에서 도망치면
> 앞으로도 어려운 상황에 부딪혔을 때
> 분명히 또 도망치게 된다.
>
> 마라토너는 왜 완주를 목표로 하는가?
> 한번 도중에 기권해버리면
> 몸과 마음 모두에 기권하는 습관이 들기 때문이다.

> 그러니까 아무리 힘들더라도, 1등이 되지 못하더라도, 목표했던 곳까지는 가야만 한다.
> 도망쳐버리면, 포기해버리면, 아무것도 바꿀 수 없고, 바뀌지도 않는다.
> 그건 무엇보다도, 아직 무한한 가능성이 열려 있는 '나 자신'에 대해 예의가 아니다.
>
> 누구를 위해서도 아니고, '나 자신'을 위해서 힘을 내야 한다!
> 결실을 원한다면 결코 내가 먼저 승부를 포기해서는 안 된다.

"어때? 나 시인 같지?" 하고 말하면서 의기양양해하던 남편 모습이 어이없으면서도 일부러 그림엽서에 써서 준 그 마음이 고마워서 한동안 책상 앞에 그림엽서를 붙여놓았습니다. 그리고 그 말에 힘을 얻어서 지금까지 조금씩 어떻게든 나 자신을 변화시켜 왔습니다. 이제 바야흐로 인생의 대전환을 이룰 수 있을지, 나는 지금 인생을 결정짓는 시험대 위에 올라 있습니다.

"풋……"

"인생, 지금 이 순간이 바로 힘을 내야 할 때." 고작 그 한 줄의 문장을 편지지에 써서 곱게 접고 있는 남편의 모습을 떠올리니 나도 모르게 그만 웃음이 나왔습니다.

"뭐가 웃겨서 웃는 건가?"

아까 그 부사장이 불편한 기색을 숨기지 않고 질문을 던집니다. 그 순간 나는 과거의 추억에서 벗어나 순간이동을 하듯이 현재로 돌아왔습니다. 분위기는 여전히 싸늘합니다. 대기업 부사장 자리까지 올라간 사람인 만큼 포스가 대단한 사람이었습니다. 그렇지만 나는 마음속으로 되뇌었습니다. 그래. 지금 이 순간이 바로 내 인생에서 힘을 내야 할 때야. 지금 힘을 내지 않고 언제 또 힘을 내겠어?

"뭐가 웃겨서 웃느냐고 물었네만."

부사장이 같은 질문을 되풀이했습니다. 나는 활짝 웃는 얼굴로 대답했습니다.

"조만간 부사장님께서 아주 흡족해하시는, 아둔한 상태의 직원들 때문에 곤경에 빠지시지는 않을까 걱정하는 마음이 들었습니다. 물론 부사장님 정도 명석한 두뇌를 가지신 분이라면 그 정도 일로 흔들리지는 않겠지만요. 그런데 여러분. 이야기를 계속할까요, 말까요? 높으신 분들은 성격이 급해서 참 어렵습니다. 하지만 성격이 급한 분들은 장수하실 수가 없습니다. 오래오래 살고 싶으시다면 제가 드리는 말씀을 너그러운 마음으로 느긋하게 들어주시겠어요? 그럼 계속하겠습니다."

그렇게 말한 후, 나는 이야기를 계속했습니다. 마치 아까 쏟아졌던 비난 따위는 전혀 신경 쓰지 않는다는 듯 밝고 경쾌한 목소리로 지금 이 시간을 충분히 즐기고 있다는 느낌을 주도록 노력했습니다. 도중에 자리를 박차고 일어나 나가버리는 사람이 있을지도 모른다고 생각했지만 단 한 명의 청중이라도 남아 있다면 끝까지 세미나를 진행하겠다고 각오를 다진 터라 크게 걱정되지는 않았습니다.

그 후, 과연 어떻게 되었을까요. 아까까지는 그렇게나 적의를 내뿜어대던 사람들이 조용히 경청하고 있는 게 아니겠습니까. 자리를 뜨는 사람은 단 한 명도 없었습니다. 자리를 뜨기는커녕 어떤 사람은 메모까지 하면서 이야기에 귀를 기울여주었습니다.

'뭐가 달라진 거지?'

당황스러웠지만 어떻게든 마지막까지 이야기를 마칠 수 있었습니다. 의례적인 일이었을 수도 있지만 박수도 받았습니다. 아까 그 부사장도 떨떠름한 표정을 지으면서 박수 치는 데 동참해주었습니다. 여담이지만 그 후 얼마간의 시간이 흐른 후에 그 부사장의 회사는 미국 시장에서 소비자의 신뢰를 떨어뜨리는 사건을 일으켰습니다. 보도에 따르면 사건이 표면화되기 몇 년도 더 전에 그 문제에 대해 알던 직원도 있었다고 합니다. 다만 그 문제를 심각하게 생각하지 않았던 것입니다. 부사장이 바랐던 대로, 그 회사 직원들은 소비자로부터 신뢰를 얻기보다는 사내 임원진들의 의향을 더 중시하는 '아둔한 직원들'이었던 모양입니다.

'돈 버는 센스'를 전파하는 사람이 되다

세미나가 끝나고 가벼운 간담회까지 마친 후, 시마 씨와 친구들이 내게 다가왔습니다.

"여기서는 좀 불편하니 장소를 옮기지. 자네들은 먼저 가서 기다리고 있어."

시마 씨의 표정을 살피며 테스트 결과를 가늠해보려 했지만 합격도 불합격도 아닌 듯한 표정을 하고 있어서 알 수가 없었습니다. 우리는 택시를 타고 지난번에 갔었던 호텔 뉴 오타니로 향했습니다. 그 호텔은 세미나 장에서 10분 정도 거리에 있었습니다. 이번에도 티 라운지로 가나 싶었는데 시마 씨는 지하에 있는 중식당 쪽으로 발길을 돌렸습니다. 먼저 도착한 두 사람은 벌써 술을 한 잔씩 주고받은 상태였습니다.

"아아, 시부이 씨. 오늘 수고 많았어요. 기다리고 있었지."

"기다리시게 해서 죄송합니다. 오늘은 정말 감사했어요. 부족한 모습을 보여드려서 부끄러울 따름입니다."

"천만에. 하지만 좀 심하기는 했어."

미나미하라 씨가 옆에서 이렇게 말했습니다.

"아주 최악이었어. 나도 이럴 줄은 몰랐네."

시마 씨도 한 마디 보탭니다. 와타나베 씨도 옆에서 고개를 끄덕이고 있었습니다.

오늘 세미나 점수야 당연히 최악입니다. 테스트에 불합격했다는 선고를 받더라도 이 분들 앞에서 낙담하는 모습을 보이면 안 된다고 이미 마음의 준비를 마친 상태였습니다. 기회를 주신 것만으로도 감사하다고 웃는 얼굴로 인사를 해야겠다고 마음을 다잡고 있었습니다. 하지만 오늘 받은 충격이 너무 컸던 탓에 좀처럼 마음을 다스리기가 어려웠습니다. 아무리 노력해도 자꾸만 굳어지는 얼굴에 억지로 미소를 띠는 것이 고작이었습니다.

"그런데 시부이 씨. 오늘 테스트 결과야 벌써 짐작하고 있겠지만 그 결과를 말하기 전에 자네한테서 듣고 싶은 말이 있네."

시마 씨가 진지한 얼굴로 나를 바라보았습니다.

"네, 말씀하세요."

"나는 오늘 세미나가, 자네가 말했던 비즈니스 업계에서 일하는 사람에게 필요한 기본 소양 교육을 기업 연수에 포함시킬 좋은 기회가 될지도 모른다는 기대를 하고 있었네. 기업 연수에 포함시킬 수만 있다면 매출도 어떻게든 올라갈 테고. 그렇지만 경영자들이 하는 말이나 행동을 뒤에서 보고 있다 보니 내 생각이 안이했다는 걸 깨달았어. 자네는 오늘 세미나를 통해서 뭘 느꼈나?"

"저는 오늘 세미나를 계기로 한 가지 결심한 것이 있습니다."

"그래? 그게 뭐지?"

"국가나 기업이 개개인의 생활을 보장해주지 않는 쪽으로 변화하는 시대에 회사만 믿고 살다가는 낭패를 보게 됩니다. 그 사실을 오늘 분명하게 깨달았습니다. 그래서 더더욱 저는 기업이 아니라 개인을 대상으로 경영자형 인재 트레이닝 강좌를 열어야겠다고 결심했습니다. 안타깝게도 많은 경영자들은 집단의 성장이 곧 개인의 성공이라는, 성장주도형 경제성장기 시절에 통하던 고정관념을 떨치지 못하고 있는 것 같습니다. 그렇지만 앞으로의 세상은 다릅니다. 개인의 능력을 키워야만 국가와 기업의 번영을 이룰 수 있습니다."

"그러니까 개인의 능력을 키우는 데 공헌하고 싶다는 건가?"

"그렇습니다. 처음부터 제가 원했던 것도 그겁니다."

"하지만 어떤 사람이 '자본주의 사회에서 자신이 가진 능력을 꽃피우는 힘'이라는 강의를 들으려고 돈을 쓸까? 나는 좀 부정적인데."

"괜찮습니다. 분명히 돈을 쓰겠다는 사람들이 어디엔가 있을 겁니다."

"어디엔가?"

"이 세상에는 아까 그 세미나에 오셨던 분들처럼 환경 변화에 둔감하고 위기감을 못 느끼는 사람들만 있는 게 아니니까요. 어렴풋이나마 환경이 달라지고 있다는 것을 알아차리고 막연한 불안과 위기감을 느끼는, 감수성이 뛰어난 사람들도 분명히 있다고 믿어요. 그리고 그 불안이나 위기감을, 자신의 능력을 계발함으로써 극복하려고 하는 '강한 생활력을 가진 사람들'도 존재합니다. 그렇지만 그 사람들은 어떻게 해야 그 능력을 계발할 수 있는지, 거기에 있어 가장 중요한 '방법'을 모릅니다. 어설픈 생활력과 뛰어난 감수성 때문에 고민하고 낙담하는 일을 반복하다가 결국은 '나는 뭘 해도 안 된다'는 자포자기 상태에 빠져버립니다. 바로 제가 그 산증인입니다. 하지만 그 '방법'을 배울 수 있었기 때문에 제 인생은 크게 달라졌습니다. 아니, 그냥 인생이 달라진 것이 아닙니다. 제 자신이 달라지고 그 결과, 제 삶도 달라졌습니다. 선생님. 저는 하루하루가 정말 행복합니다. 예전에는 생각지도 못했던 변화입니다. 이런 즐거움을 예전의 저처럼 불안에 빠져서 자신감을 잃어버리고 힘들어하는 사람들에게 전해드리고 싶습니다."

"그러면 그 사람들도 날마다 살아가는 게 정말 행복해지겠는데?"

"네, 그렇습니다. 그리고 그 사람들이 또 다른 사람들을 변화시키겠죠. 오로지 직장에만 의지하지 않고 주위 환경에 휩쓸리지도 않으며 어디를 가더라도 스스로 만족할 수 있는 삶을 꾸려갈 수 있게 될 거예요. 자기 안에 있는 가능성의 씨앗을 스스로 찾아내서 이 사회에 뿌리고 열매를 맺을 수도 있습니다. 선생님. 세상에 그런 사람들이 많아진다면 정말 멋진 일 아닐까요? 저는 오늘 세미나를 하면서, 그 일에 제 인생을 걸겠다고 결심했습니다."

'생각'을 실천하는 방법

"그럼 자네가 생각하는 사업의 주요 대상은 여성이 되겠군."
미나미하라 씨가 말했습니다.

"여성이요……?"

와타나베 씨가 유리잔 안에 들어 있는 얼음을 흔들어 딸그락딸그락 소리를 내면서 말합니다.

"변화의 시기에 여자들은 본능적으로 위기의식을 느끼게 돼. 그리고 2세를 낳고 키우는 것도 여자의 몫이야. 남자는 좀처럼 스스로 변화하려 하지 않는 종족이지만 여자들은 남자를 바꿀 수 있는 힘을 갖고 있는 신기한 존재야. 그런 여성들의 센스를 계발하는 일이야말로 자네가 제안한 '전국민 행복 찾기 프로젝트'를 실현하는 지름길이라고 생각하네."

"맞는 말씀이세요! 좋습니다. 결심했어요. 저는 여성들을 경영자형 인재로 변화시켜서 어떤 환경 변화가 닥치더라도 당당하게 돈 버는 센스를 갖추도록 도와주는 강좌를 열겠습니다."

"우리가 출자금을 안 내놓더라도?"

"돈이 없다고 해서 꿈을 포기할 수는 없어요. 그런 이유는 핑계에 불과합니다. 핑계를 대면서 포기하는 것은 내가 가진 가능성을 스스로 차단해버리는 거예요. 그건 나 자신에 대한 예의가 아니라고 생각합니다. 돈이 없으면 없는 대로 가능한 범위 안에서 방법을 찾아봐야죠. 세 분 선생님들께는 진심으로 감사드립니다. 선생님들 덕분에 저는 '생각'을 실천할 방법을 알게 되었어요. 이 사회에 대한 제 '생각'을 가시적인 형태로 만드는 것이 비즈니스라는 사실을 깨달았어요. 이 '생각'이 부가가치를 만들어내고 반드시 저에게 돈과 기회를 가져다줄 거예요. 창업을 하든, 아니면 어딘가에서 직원으로 일하든 간에 이 '생각'을 계속 지니고 일을 해나갈 수 있다면, 저는 성공한 거예요. 이 사실을 깨달았으니 이제 어떤 일이 있어도 포기하지 않을 겁니다.

"좋았어, 합격이야!"

갑자기 시마 씨가 큰 소리로 말했습니다.

"합격이야. 다들 동의하지?"

"당연하지."

"물론이야."

나머지 두 사람도 차례차례 대답했습니다.

"축하해요, 시부이 씨. 자네는 우리의 테스트를 통과했어. 약속대로 주식회사를 만드는 데 필요한 자금 1억 원을 출자하겠네. 물론 '돈은 받되 간섭은 사양합니다. 하지만 사람, 물건, 자금, 정보는 사용하게 해주세요'라는 조건도 받아들이지. 아, 그리고 배당금 같은 건 기대하지 않아. 배당금을 줄 정도로 여유가 생기면 자네 수입에 보태서 그 돈으로 우리한테 뭐 맛있는 거라도 사주면 그걸로 만족이야."

"아니, 그렇지만……. 왜요? 왜 합격이죠? 아까 최악의 세미나라고 하셨잖아요."

"최악? 아아, 그건 거기 참석한 사람들의 말이 심했고 최악이었다는 뜻이야. 자네한테는 오히려 미안하게 생각하네. 설마 그 정도의 직위에 있는 사람들이 그렇게 무례한 언행을 할 거라고는 상상도 못했어. 완전히 판단 미스였네. 테스트가 아니라 마음고생만 시켰어. 그래도 그런 시련이 있었기 때문에 우리도 결심을 할 수가 있었네. 그런 상황에 놓이게 되면 남자들도 패닉에 빠져서 당황했을 텐데 자네는 끝까지 최선을 다했어. 앞으로 회사를 경영하게 되면 또 이런저런 시련이 닥칠 거야. 그래도 오늘 보여준 것처럼 버티고 노력하면 분명히 이겨낼 거라고 믿네. 우리는 자네의 그 모습을 믿고 1억 원을 내놓기로 결정했어."

"어차피 후원자가 될 바에는 배짱 있고 강인한 사람을 후원하는 게 재미있거든."

미나미하라 씨가 윙크를 하면서 옆에서 한마디 더 거들었습니다.

"그리고 우리의 후원이 이 세상에 조금이라도 좋은 영향을 미칠 수 있어야 해. 그게 출자하는 사람으로서의 도리라고나 할까."

와타나베 씨가 다시 한 번 유리잔 속의 얼음을 딸그락거리면서 말했습니다.

"그럼 앞으로 잘 해보자고."

시마 씨가 악수를 청하며 손을 내밀었습니다. 나는 그 손을 꼬옥 잡았습니다.

"고맙습니다. 선생님. 정말 고맙습니다. 미나미하라 선생님과 와타나베 선생님. 앞으로 잘 부탁드리겠습니다. 최선을 다해 더욱 열심히 해보겠습니다!"

"아니야, 너무 열심히 할 필요는 없어. 필요 이상으로 애를 쓰면 될 일도 안 되는 법이야. 변화가 극심한 시대에는 유연함과 독창성이 중요해. 자네는 지금까지 해온 대로만 하면 될 거야. 그게 자네 개성이고 경쟁력이야. 개성을 부가가치로 바꾸는 데 필요한 여러 요소를 왠지는 모르지만 자네는 이미 갖고 있으니까 말이네."

그렇게, 운명을 바꾼 만남은 내게 기적 같은 기회를 가져다주었고, 나는 그 기회를 통해 내가 정말 하고 싶은 일을 실행할 수 있게 되었습니다. 당연히 떨어질 거라 생각했던 테스트에도 거뜬히 통과했고 말입니다.

2년 전의 나라면 상상도 할 수 없는 일이었을 것입니다. 내가 처한 상황과 세상만을 탓하며 불평불만을 늘어놓던 내가 시각을 바꾸고 세상이 필요로 하는 사람이 되기까지는 물론 숱한 시행착오와 노력이 필요했습니다. 종종 자존심이 상하는 말을 들어야 했고, 부당한 평가를 뛰어넘기 위해 의도적인 노력도 해야 했고, 어렵지만 남편이 말해준 네 가지 시각으로 세상을 바라보는 연습도 항상 잊지 않고 해야 했습니다. 하지만 이제는 남편이 말한 '돈 버는 센스'가 무엇인지 명확히 알게 되었고, 실제로 나는 남편보다 더 많은 수익을 내고 있습니다.

결혼 후 경단녀로서, 최저 시급을 받으면서도 욕을 먹어야 했던 나는 이제 없습니다. 내 안에 있는 자원으로 세상에 부가가치를 만들어내는 일을 하고 있으니까요. '나는 아무것도 할 수 없는 사람'이라며 좌절에 빠졌던 내가 세상을 향해 당당하게 걸어 나온 것처럼 많은 사람들이 변화될 수 있도록 나는 오늘도 도전합니다. 이 이야기를 쓰는 지금 이 순간에도 말입니다.

- The End

돈이 붙는 여자의 돈 센스

남편보다 쪼끔 더 법니다

초판 1쇄 발행 2020년 4월 1일

지은이 시부이 마호
옮긴이 동소현
펴낸곳 넥스트북스
출판등록 제406-251002017-000070호
주소 경기도 파주시 산남로 5-86, 202호 (산남동)
전화 031-939-6272
팩스 031-624-4295
이메일 nextbooks@nextbooks.co.kr
ISBN 979-11-967394-4-7 (03320)

www.nextbooks.co.kr   넥스트북스는 다음을 꿈꾸는 이야기를 만듭니다.
내일을 꿈꾸는 독자 여러분들의 기획이나 원고를 기다립니다.
nextbooks@nextbooks.co.kr 이메일로 연락처와 함께 보내주세요.